健康を食い物にするメディアたち

ネット時代の医療情報との付き合い方

朽木誠一郎

BuzzFeed JP MEDICAL

はじめに
私たちは、騙されている

騙されている人というのは、多くの場合、自分が騙されていることに気づいていないものです。健康や医療といったテーマの周りには、ウソや不正確な情報、そして「医療デマ」が蔓延しています。

私は、医療についての報道を仕事とする、医療記者です。この仕事を始めてびっくりしたのは、世の中にはたくさんの「健康になりたい人」がいること。そして、それにも増して、健康になりたい人を「騙す人」がいることです。

ただの水を、「病気を治す水」などと謳って高値で売りつけるといった類の詐欺があることは、私も知っているつもりでした。しかし、今や、その手口は複雑になり、その数が驚くほど増えているのです。

誰もが知るような企業が、書店やアマゾンに並ぶ本が、信頼できるはずの新聞やテレビが、ツイッターで爆発的にシェアされたツイートが、健康や医療についてのウソや不正確な情報を発信しています。今の世の中、「医療デマだらけ」といってもいいほどです。

騙す人の手口が多様化したことで、情報の真偽が非常にわかりにくくなっています。その背景にあるのが、「ネット時代」の到来です。これほどまでにネットが発展、普及したことにより、産業構造は大きく変化し、テクノロジーはますます進歩していきました。その結果、古くからある医療デマはさまざまに形を変え、勢いを増し、新たな医療デマとなって世の中に広がっているのです。

このような状況に対抗するには、「ネット時代の医療情報との付き合い方」を今一度、考え直す必要があります。そうしないと、いつの間にかどんどん騙されてしまう、ということになりかねません。私は、そうなることを防ぐために、日々取材を重ねています。

テレビや新聞、書籍や雑誌、ネットの情報にあらためて目を向けてみましょう。すると、健康や医療についての情報を、やたらと取り上げていることがわかります。どうすればダイエットできるか、よく眠れるか、がんや認知症を防げるか……。扱い方に差はあれど、このようなテーマが、手を替え品を替え、繰り返されています。

どうしてなのでしょうか。理由はシンプルで、「健康」が万人の関心事だから。政治や経済、スポーツ、エンタメなどのジャンルとは異なり、人を選びません。

みんなが知りたいテーマだから、それに関する情報が生み出される。これも当然のことです。ところが、健康や医療というのは、さまざまな原因で、ウソや不正確な情報が発生しやすい分野。しかも、「健康になりたい」という想いは、人間にとって本来的で、とても切実なものなので、人はどんな情報でも信じ込みやすくなっています。いつもは慎重な人でも、この分野に関しては、コロッと騙されてしまうことがあります。

健康になりたいあまり医療情報を強く求め、それゆえかえって騙されやすくなる。医療デマの蔓延には、そんな背景もあります。

医療デマは命に関わる

医療情報の真偽を見分けられるようにならなければ、私たちは自分や自分の大事な人を守れません。しかも、健康や医療についてのウソや不正確な情報、特に、深刻な医療デマは、命に関わる危険なものとなり得ます。

もっとも深刻な例の一つは「がん放置理論」です。この理論は、現在、医療の主流である手術・抗がん剤・放射線を基本とした「標準治療」を否定するものになっています。病期の時期や状態によって千差万別のがんをひとくくりにして「手術は命を縮めるだけ」「抗がん剤は毒」などと主張するがん放置理論は、これまでたくさんの専門家から批判されています。

それにもかかわらず、この主張を信じてしまう患者さんは後を絶ちません。早期に発見・治療ができたはずのがんが、放置することで、やがて進行がんになることもあります。そうなってしまうと、標準治療を望んだところでもはや手の施しようがなく、命を落としてしまうことになります。

ワクチンの全否定、いわゆる「反ワクチン」も、深刻な例の一つです。ワクチンは麻疹《はしか》や風疹、B型肝炎、季節性インフルエンザなどの病気について、予防や症状を軽減する効果があることは確実です。しかし、これを接種しようとしない人、さらには、他の人の接種を妨げようとする人がいます。

ワクチンは感染症、つまり、人から人にうつる病気に対して効果的です。国がワクチンを打つことを努力義務にすることがあるのは、個人の病気の予防や症状の軽減という目的もありますが、多くの人がワクチンを打つことによって、社会全体として、その病気にかかる人をなるべく少なくするためでもあります。逆にいえば、接種が推奨されているワクチンを打たないという選択や、打たせないという行為は、誰かの命を危険に晒すことにつながるのです。


本書を手に取った方の多くは、「自分は医療デマに騙されない」と思っているかもしれません。仮にそうだとしても、あなたの両親はどうでしょうか。あなたの子どもは、友人は、会社の同僚は、隣人はどうでしょうか。

あなたが騙されていないとしても、健康や医療についてのウソや不正確な情報が生活に入り込み、あなたの周りの人が騙されてしまうと、あなたの生活にも影響が出てきます。

また、自分自身がいつまでも騙されない人であるという保証もありません。自分ががんになり「もう治らない」とわかったとき、それを受け止めきれず、「がん放置理論」に傾倒することがあるかもしれません。自分の子どもがワクチンを打った後、何か悪い反応が出てしまったら、「反ワクチン」運動に救いを求めるかもしれません。


騙されない人と騙される人との境界線は、限りなく曖昧で、グラデーションのようになっています。

かくいう私も最近、趣味のスポーツの最中に、自分が騙されていることに気がついてしまいました。学生時代から10年以上、運動するときになんとなく選んで飲んでいる「体脂肪を燃焼させる」と謳うスポーツドリンク。「これって根拠があるのだろうか？」とふと疑問に思ったのがきっかけです。調べてみると、なんとそれは、マウスに対して効果があったというデータしかなく、人に対しての効果が証明されたものではありませんでした。ショックではありましたが、同時に反省もしました。正直なところ、私は「自分は騙されにくいほうだ」と思っていました。しかし、お気に入りの商品については、そもそも疑うことすらせずに信じ込んでいたのです。

こうした、特段有害とはいえないような、根拠のない広告も含めるのであれば、健康や医療についてのウソや不正確な情報に騙されていない人なんて、いないのではないでしょうか。

だからこそ、明らかに有害な、いわば正真正銘の医療デマに騙されている人をバカにすることは、誰にもできません。ふとした瞬間に境界線を越え、自分が騙される人になる可能性は常にあります。

つけ込まれる情報の格差構造

医療記者になって以来、私は少なくない数の医療デマを検証してきました。その中で気づいたのですが、医療デマが発生する背景には、ある共通した構造があります。それは、情報に詳しい人と詳しくない人がいるという「格差」の構造（「非対称性」ということもあります）です。

そもそも、医療についての情報には、医師に代表される専門家とそれ以外の人との間に、大きな格差があります。悪意のある騙す人は、この格差につけ込んでデマを流します。それればかりか、悪意のない、知識不足に起因するウソや不正確な情報も、この格差によって生まれます。

医療という専門性の高い分野は、デマが発生しやすい構造を持っているのです。騙されにくくなるためには、この格差に注目することが必要です。格差があるところには、必ずといっていいほど、医療デマが発生します。

ただし、いくらそのことを知っていても、この格差自体が見つけにくい状況では、騙されることを防げません。今や、医療自体のテクノロジーが日進月歩で発展しているだけでなく、ネットに代表される情報通信のテクノロジーも急速に発展しています。テクノロジーは便利である一方で、大きなデメリットがあります。それがどうやって機能しているのか、専門家以外にはよくわからないこと、つまり、「格差」が存在するのです。

ネット時代は、この格差の構造が飛躍的に拡大する状況を招いています。

この構造の中では、健康になりたい人はあまりに劣勢です。騙す人の手口が巧妙になることで、騙されていることにさえ気づけないままでしょう。

この構造がはっきりと現れたのが、2016年末から2017年にかけて、世の中を騒がせた「WELQ問題」だと、私は考えています。詳細は本編で紹介しますが、この問題は、一部上場企業のディー・エヌ・エーが、グーグルなどの検索エンジンを攻略し、ウソや不正確な情報を、検索結果の上位に大量に表示させていたことが発覚したものです。同社の南場智子会長と守安功社長が謝罪会見で報道陣に向かって頭を下げる姿がマスメディアで大きく取り上げられたため、覚えている方もいるでしょう。実は、この問題を最初に指摘したのは、他ならぬ私でした。

どのメディアも、あるいは専門家も、「WELQ問題」を「ネット時代の医療情報の問題」としては指摘できなかったのです。

というのも、WELQ問題を指摘するためには、「健康についての情報がウソや不正確なものであること」と「その情報を上位に表示させるテクニックに問題があること」の両方を理解している必要がありました。つまり、医療の知識と、ネットの知識の両方が必要だったのです。そのような人材は、当時、ほとんどいませんでした。

医学部卒のネットメディア編集長

そこで、私の出番です。

私は国立大学の医学部（医学科）を卒業しながら、医師ではなくライターになりました。大学時代にはもちろん、医療の知識を学びましたが、社会人になってからは、ネットメディアの運営企業に入社しました。そしてそこで、グーグルなどの検索サービスの上位に表示されやすくする方法など、ネットの知識を身につけました。こうして、医学部卒のネットメディア編集長が生まれました。

さて、ＷＥＬＱ問題では、ネット上の健康・医療情報は、厳しい批判を浴びることになります。しかし、ネットだけではなく、書籍や雑誌、テレビ、新聞にも同じような問題があります。それにもかかわらず、この問題は「ディー・エヌ・エー叩き」や、「だからネットは信用できない」という「ネット叩き」に終止してしまったように、私は感じています。

その結果、情報格差は依然として広がったまま。騙される人は増え続けています。私は、それが、悔しくてなりませんでした。そこで、WELQ問題の追及に重要な役割を果たした、テクノロジーを駆使するネットの報道機関であるバズフィード・ジャパンに移り、医療記者になったのでした。

医療記者として、私は、この構造を巡るさまざまな問題を取材してきました。WELQと同じ手法で急拡大したいくつかの医療系ネットメディアや、深刻な出版不況で過激な「健康本」を作らざるを得ない出版業界……。このような事例を基に、「私たちはなぜ騙されるのか」、「どうすれば騙されにくくなるのか」を、本書を通じて考えていきたいと思います。

目的は、「誰も医療デマに騙されることのない世の中」を作ることです。

健康になりたい人が、健康になる。このことを当たり前にするために、少しだけ、みなさんの時間と力をお借りできれば幸いです。

第五章 ネット時代の医療情報との付き合い方

第一章

健康になりたい人とそれを騙す人

ラクに、簡単に健康になりたい私たち

医療記者、ダイエットをする

何を隠そう、少し前までの私は、かなり不健康でした。体重は120kgを超え、階段では息を切らし、朝起きれば口の中がカラカラ。さまざまな病気の前兆のオンパレードです。大学時代まではいわゆるスポーツマンだったのですが、社会人になって、なんと40kgも太ってしまったのでした。「そんな不健康なやつに健康について話されても、信じられない」という声が聞こえてきそうです。

たしかに、「太った医療記者」では、いまひとつ説得力に欠けます。そこで私は、バズフィード・ジャパンへの転職を機に、つまり、医療記者へと転身したタイミングで、「現時点で医学的にもっとも確からしいダイエット」に挑戦することにしました。

その結果、半年で、もっとも重い時期からマイナス40kgというダイエットに成功したのです。

医療記者として真剣に取り組んだ「現時点で医学的にもっとも確からしいダイエット」。これがどんなものか、気になりませんか。

今、もっとも確からしいダイエット法は、とてもシンプルなものでした。「食事の節制」と「適度な運動」。以上です。参考にならないと感じた方、ごめんなさい。

しかし、ここにこそ、健康・医療情報の難しさがあります。私たちは、簡単に痩せる方法、あるいは、簡単に健康になれる方法を求めます。でも、そんなうまい話は、残念ながらありません。医療デマに騙されない第一歩として、まずは、この残酷な真実を認めなくてはなりません。

ダイエット法の最新トレンドは、「玉ねぎヨーグルトダイエット」や「バターコーヒーダイエット」だそうです。玉ねぎとヨーグルト。バターとコーヒー。これらの組み合わせを変えることで、新しいダイエット法を無限に生み出せそうです。みなさん、ダイエットが好きですよね。過度なダイエットは別として、肥満はさまざまな病気の原因になりますから、「ダイエットしたい」というのは悪いことではないし、私自身、その願望はとてもよく理解しています。

しかし、流行りのダイエット法はしばしば、「すぐに」「ラクに」など、簡単にダイエットできるかのように謳います。過去を振り返ってみても、「納豆ダイエット」「リンゴダイエット」「ココアダイエット」など、あたかも「○○だけを食べて・飲んでさえいればダイエットできる」かのように思わせるものが、数えきれないほどありました。もしかしたら、この「○○」にあてはまるものが出尽くしてきたから、組み合わせがトレンドになっているのかもしれません。ここで紹介したような「簡単に」できるダイエットは、はたして本当に効果があるのでしょうか。

ダイエットがこれだけ関心を集めるのは、多くの人が健康になりたい証拠です。しかし、これだけ関心を集め続けているのは、実際にダイエットに成功し、リバウンドせずに体型を維持できている人が少ないことの証拠でもあります。

新しいダイエット法がもてはやされる世の中というのは、実は不健康なのです。

健康は、難しい

そもそも、健康とは一体、なんなのでしょう。世界保健機構（ＷＨＯ）の憲章では、「健康とは、肉体的、精神的及び社会的に完全に良好な状態であり、単に疾病又は病弱の存在しないことではない（Health is a state of complete physical, mental and social well-being and not merely the absence of disease or infirmity.）」と定義しています。「完全に良好な状態」であることというのは、ずいぶんと強気な条件です。

これは、到底実現できない理想であるように、私には思えます。どんなに健康な人であっても、突然病気やケガをする恐れがあります。そんな不安を抱えた状態を、「完全に良好な状態」と呼べるでしょうか。

また、社会的にと定義されている以上、自分一人の力では健康になれないこともわかります。常に努力が必要で、運の要素もある、危ういバランスでやっと実現する状態が健康なのです。

どうすればダイエットできるかなんて、本当は誰だって、わかっているのではないでしょうか。健康的な生活をすればいいが、できない。肥満のリスクを誰よりも知っているはずの医師にも、太っている人はいますよね。診察室で見かけるあのお腹が、健康になるということの難しさを示しています。

120kgを超えていた頃、私は仕事が忙しすぎて睡眠すらままならず、毎日のように会社に泊まっていました。この状況で「暴飲暴食をするな」「毎日ジョギングをしろ」と言われても、それは新たなストレスの元でしかありません。

その頃の私は、自分にできる範囲のダイエットによく手を出していました。できる範囲とはつまり、本質的な食事や運動へのアプローチではなく、サプリメントなどの健康食品のように、今の生活に「ラクに、簡単に」プラスできるもの。もちろん、これによって痩せることはできませんでした。

私たちは健康になりたい。なるべくラクに、簡単に。でも、なれない。

これは、騙す人にとってうってつけの状況です。

健康食品ビジネスの闇

「ラクに、簡単に」健康になりたい人がターゲットになりやすいのが、健康食品ビジネスです。

２０１７年11月7日、消費者庁は、太田胃散やスギ薬局など大手メーカーを含む16社に対して、行政処分を下しました。これらの企業は、ダイエット成分として人気の「葛の花由来イソフラボン」を含むサプリメントを販売していました。その宣伝が景品表示法（景表法）に違反していたというのです。

景品表示法というのは、簡単にいえば、ウソや大げさな宣伝を規制するもの。これらの企業は、「飲むだけで、誰でも簡単に内臓脂肪や皮下脂肪が減り、おなか周りが痩せる効果が得られる」と、このサプリメントを宣伝していました。しかし、実際にはそこまでの効果はないことが判明したのです。

食品ジャーナリストの松永和紀《わき》氏は、この行政処分の対象になったサプリメントの効果を、バズフィード・ジャパン・メディカルへの寄稿の中で次のように検証しています。

気をつけて摂生して痩せようと努力している太めの人たちが成分入りのサプリメントや飲料を摂取したら、脂肪面積が３％、ウエストラインが０・７㎝、体重が０・９㎏など、よけいに減りました、というお話です。

効くとしても、肥満、ウエストサイズ90以上で、運動や食生活の節制なども行なっている人たちに、ほんのわずかだけ、外見上はほとんど違いがわからないくらいの効果しかない

（出典：『「飲めば痩せる」健康食品に初の行政処分　効果効能をうたうからくりとは？』）

ダイエットをしたことがある方はおわかりいただけるでしょうが、「体重1kg減、ウエスト1cm減」というのは、食事や排泄により1日で普通に変動する範囲内です。サプリメントを飲んでも飲まなくても実現できる数値を根拠に、「飲むだけで、誰でも簡単に」痩せると謳うのは、たしかに大げさだといえます。

太田胃散やスギ薬局といった、誰もが知っているような大手企業が騙す人になっていたことに、驚いた方もいるのではないでしょうか。でも、これはまだ序の口。これから、もっともっと驚くような存在が、騙す人としてどんどん登場してきます。健康を取り巻く状況は、今、それくらい危機的な局面にあるのです。

機能性表示食品やトクホなら信じられる？

私たちがサプリメントの効果を信じ込んでしまう原因の一つに、機能性表示食品という制度があります。機能性表示食品というのは、国が定める制度です。そのため、商品のパッケージに機能性表示食品と記載してあれば、なんとなくすごそうだと感じられます。しかし、この制度は実は、かなり緩いものなのです。

何を隠そう、行政処分の対象となったサプリメントも、機能性表示食品でした。

この制度、「安全性」や「機能性」、「効果」についてのガイドラインは定められているものの、それを満たしているかどうかは、誰も審査しません。簡単にいえば、企業の自己申告。何か問題があっても、企業の自己責任に委ねられているのです。そのような制度を、頭から信じ込んでしまっていいのでしょうか。

機能性表示食品は、安倍総理大臣が成長戦略の一環として打ち出し、２０１５年にスタートした制度です。その目的は、中小企業・小規模事業者にチャンスを与え、「世界で一番企業が活躍しやすい国の実現」のため、とされています。要するに、国の方針として審査を緩くして、商品を売りやすくしているのです。

厳しい言い方をすれば、国が、企業の活躍を名目に、騙す人を支援している形になります。今回の、機能性表示食品について初めて下された行政処分は、以前から松永氏らによって指摘されてきた審査の問題が、ついに顕在化したものだったのです。

松永氏は機能性表示食品自体についても、この行政処分を受けて、先程の記事の中で、次のように指摘しています。

実のところ、機能性表示食品の効果はどの製品もおおむね、この程度しかない、と私はこれまでの取材で判断しています。

(出典：『「飲めば痩せる」健康食品に初の行政処分　効果効能をうたうからくりとは？』)

機能性表示食品にはあまり馴染みのない方も、トクホ（特定保健用食品）なら聞いたことがあるはずです。実はこのトクホについても、機能性表示食品と同じような問題が起きています。

２０１６年9月、消費者庁は制度開始以来初めて、日本サプリメントに対して、トクホの販売許可を取り消しました。

トクホは、内閣府食品安全委員会や消費者委員会などが審査をしたうえで、広告の文言なども確認するため、機能性表示食品よりは厳しい制度です。しかし、日本サプリメントが「血糖値や血圧が高めな人に適した食品」として販売していた商品が、基準を満たしていないことが後からわかったのです。同社には罰金などの処分がありましたが、この商品にかけた「健康になりたい人」のお金と期待はムダになったままです。

機能性表示食品やトクホだからといって、何も疑わずに信じ切ってしまってはいけないということが、わかってもらえたでしょうか。

機能性表示食品やトクホに関して私が特に問題だと感じるのは、それを摂取していれば痩せるかのように信じ込み、食事の節制や適度な運動といった、ダイエットの唯一の方法から、目を逸らしてしまうことです。しっかりと現実に向き合えばダイエットできたかもしれないのに、効果がないサプリメントに頼って真っ当な方法から逃げ出してしまうのは、大きな機会損失となります。

そもそも、健康食品とはなんなのか？

機能性表示食品やトクホには、不十分とはいえ、一定の基準が存在します。本当に注意が必要なのは、なんの基準もない、いわゆる健康食品です。

大事なことなので、はっきりさせておきます。健康食品に病気を治したり、防いだりする効果はありません。ネーミングから「なんとなく健康に良さそう」と思ってしまいそうになりますが、このイメージは誤り。本当に病気を治したり防いだりする効果や効能があれば、それは「医薬品」、つまり薬になります。健康食品はあくまでも「食品」であって、そのような効果・効能はありません。消費者庁も２０１７年10月に発行した「健康食品５つの問題」というリーフレットで明言しています。

そもそも健康食品というのは、定義があいまいなものです。そのため、どんな食品でも健康食品として売り出すことができます。

医療の知識があるはずの私も、正直にいうと、「大手企業がそこまでいうなら、ある程度の効果はあるのだろう」と信じ込んでいました。医療記者になるまで、健康食品がここまで当てにならないものとは知らなかったのです。

それにもかかわらず、健康食品は、今も当たり前のように販売され、私たちの生活に入り込んでいます。

経済合理性が騙す人を生み出す

では、なぜこのような商品が、作られ、売られてしまうのでしょうか。

それは、ラクに、簡単に健康になりたいという私たちの「需要」と、そこに利益が見込めるから商品を投入しようという企業からの「供給」があるからです。カリフォルニア大学ロサンゼルス校（ＵＣＬＡ）助教で医療政策学者・医師の津川友介氏は、この傾向を「経済合理性」と呼びます。この言葉は本書でも繰り返し使うので、ぜひ、この機会に覚えておいてください。社会においては、この経済合理性、つまり「売れるから作る」という力が働きます。そして、時に、その力は暴走してしまうことがあり、どこかで食い止めないと、どんどん悪い方向に加速してしまいます。

例えば、大手飲料メーカー・S社が製造・販売する、サプリメントのキャッチコピーを見てみましょう。2017年11月16日付スポーツ新聞・H紙の折り込み広告では「60代、70代。衰えてきたと感じたら、補うものがある。」として、同社の「60代からのサイエンス・サプリ」をいくつか宣伝しています。

紙面にはさまざまなキャッチコピーがありましたが、そのうちの一つは「うっかりのない聡明な毎日を。」でした。60代・70代を対象に「うっかりのない」「聡明な」と宣伝するこのキャッチコピーは、認知症を連想させます。

もしこのサプリメントに認知症対策の効果があるのならば、なぜ「認知症対策」と書かないのでしょうか。

実は「書かない」のではなく、「書けない」のです。

前述したように、健康食品はあくまでも食品であり、薬ではないことがその理由です。薬機法（医薬品医療機器等法：旧薬事法）により、医薬品以外が医薬品的な効果や効能を表示することは規制されています。要するに、効果や効能を謳えるのは医薬品だけなのです。また、医薬品であれば好き勝手に効果を謳えるわけではなく、広告の内容が厳しく制限されています。このように、経済合理性にストップをかける制度というのは、あるにはあります。しかし、それをも凌駕してしまうのが、経済合理性の強さでもあります。

企業は健康食品を売りたい。でも「認知症対策」とは書けない。そこで、優秀なコピーライターが「うっかりのない聡明な毎日を。」というキャッチコピーを考えます。このキャッチコピーは「認知症対策」のような効果・効能を謳ってはいません。しかし、なんとなくモノ忘れや認知症に効きそうな感じがします。

騙される人がいることを考えなければ、これはうまいコピーといえます。しかし、何度でも繰り返しますが、健康食品には病気を治すことも、防ぐこともできません。摂っても摂らなくても変わらないか、成分によっては摂りすぎにより健康に悪い影響を与える可能性もあるただの食品が、1カ月分180粒入り、通常価格6000円といった高値で販売されているのです。

機能性表示食品やトクホのような一定の基準がないことで、健康食品はいわばなんでもアリになっている現状があります。企業は営利活動のための組織ですから、経済合理性が加速すると、「ただの食品を高く買わせること」「健康にいいと思わせること」に創意工夫が凝らされてしまうのです。

騙す人は、医療の限界につけ込む

医療には不確実性という限界がある

経済合理性の他にも、健康になりたい人が騙されやすくなってしまう要因があります。それは、「医療には限界がある」ということです。

「医療の不確実性」という言葉があります。私が医学部に入って、医療倫理学の最初の授業で習ったものです。これは、医療者であれば、誰でも専門教育の初めに教わる基本で、簡単にいえば「医療に100%はない」という意味です。しかし、あらためてそういわれなければ、医療者以外は考える機会のない言葉でしょう。

ここに、騙す人につけ込まれるスキがあります。専門家は、医療には限界があるという前提で話をします。しかし、非専門家は、そうは思っていない。これは、医療以外の世界に進んだ私が強く実感することです。

難しい話はいいから自分や自分の大事な人の命を助けてほしい。これもまた、切実で当然の想いです。その想いに応えるべく、医療は発展しました。100年前、日本人の平均寿命は40代でした。それが今や80代となっています。

人間ってすごいと私が時々、あらためて思うのは、「私たちが、医療を発達させた唯一の動物だ」ということです。犬の手術をする犬はいないし、猫の薬を開発する猫はいません。自然な環境では、病気になったりケガをしたりすれば、死んでしまうのが他の生き物です。

人間だけが、医療によって、運を天に任せず、自分たちの手で多くの命を助けてきました。しかし、弊害もあります。医療が発展し、これまで救えなかった命が助かるようになればなるほど、結果として、助かるのが当たり前という感覚が生まれてしまうのです。

もし、助からなかったら。

もちろん、防ぐことのできるミスで命が失われたのであれば、医療側はその責任を問われるでしょう。しかし、どんなに医療が発展しても、どうにもならないことはあります。

車はまだ空を飛んでいないし、タイムマシーンもない。医療でも助けられない命があるというのも、同じことです。

仮に、「5年後の生存率が99％」という手術があるとします。この場合、手術を受けた多くの人は、5年後に生存しているでしょう。しかし、逆にいえば、1％は死亡してしまうことになります。この不確実性に、医療の限界があります。

自分や自分の大事な人がこの少数派に入ってしまったとき。「どうして助けられなかったのか」と問いかけても、医療側は「医療には限界がある」という、いい訳がましく聞こえるセリフ以外に、返す言葉を持っていません。だからこそ、心ある医療者ほど、「どうしても助けてほしかった」という患者の心情を思って、押し黙るしかなくなってしまいます。

なぜお医者さんは偉そうなのか？

どうして、医療は不確実なのでしょうか。

それは、医療を受ける側のヒトという生き物が、あまりに複雑で、多様だからです。同じ空間で過ごしていても、自分は風邪を引き、隣の人は引かなかった、という経験があるでしょう。アルコールに強い人もいれば、弱い人もいます。

風邪なら「免疫」、アルコールなら「代謝」と、人間の体の中では、複雑なたくさんの回路が稼働しています。このような回路には個人差があり、また、解明されていない領域もあります。電卓のように「1＋2＝3」と、正確に予測することはできません。

だから、病気を100％治すとか、防ぐ方法というのは、あり得ません。「ほぼ」100％ということはあるかもしれませんが、それでも「万が一」の可能性は否定できない。だから、医師はどんなに簡単な治療であっても、誠実であればあるほど「保証はできない」というしかないのです。

このことを知った今となっては、これだけ複雑で多様なヒトを完全にコントロールできる技術があるとすれば、それはむしろ恐ろしいことだと私は感じます。しかしこれは、患者からすれば「絶対に命を助けてほしい」だけなのに、もったいつけたいい方でそれを保証してくれなかったり、いい訳がましい条件をつけていたりするように見えてしまいます。医師によるこのような説明は、場合によっては、患者の不信感を募らせることになります。

医療の世界の外にいると、「お医者さんって偉そう」という意見を目にしたり耳にしたりすることがあります。実際に偉そうにしている医師がいるのも頭の痛い事実です。しかし、この「お医者さんって偉そう」という感覚は、医師の誠実さと、医学の不確実性を理解することの難しさに由来する場合もあるのです。

悲しいことに、このこともまた、騙す人にとって有利な状況を作り出しています。

医療情報はますます複雑になる

10年以上かけてやっと駆け出し

医療は、今も発展を続けています。すると、今度は医療情報の専門家である医師の中にも「専門外のことはよくわからない」という情報格差が発生します。

さまざまな病気やケガのそれぞれについて、薬なのか、手術なのか、それ以外なのかというように、複数のアプローチがあるのが現代の医療です。医療が発展するというのは、このアプローチの数がさらに増えるということでもあります。

そのため、例えば、新しい薬が開発されたら、医師は、その薬がどの病気にどう効くかを試した結果を、新しく覚えなくてはなりません。

多くの人の命を救うための新しい治療法が増えれば増えるほど、過去の情報により多くのアップデートが加わり、健康・医療情報はますます複雑になっていきます。すると、医師でさえ、自分の専門外の情報を追いきれなくなっていきます。これは医学に限らず、学問全体のタコツボ化として、よく批判されることでもあります。

だからこそ、日本の医学部では昔から、6年という時間をかけて医学を学びます。大学の他の学部のほとんどが4年であることを考えると、それだけ覚えるべきことが多いことがわかるはずです。また、医学部では他学部よりも進級の判定がずっと厳しくなっています。

私の母校では、例年十～数十人が合格できずに留年するという試験が、各学年で1回以上はありました。まるで義務教育であるかのような定期試験も、義務教育以上の頻度と回数で課せられます。私にとって、医学部時代の思い出のほとんどは、勉強のこと。勉強班を組んで夜中まで一緒に勉強したり、高価な医学書にかじりついたり、追試になった仲間と励まし合ったり、口頭試問（面接試験のようなもの）で緊張したり……。そんな毎日でした。

私の大学の先輩医師は、卒業後2年間の初期研修、3年間の後期研修を経て専門医の資格を取得し、ようやく駆け出しくらいには認めてもらえる、と話していました。駆け出しまで10年以上。医療情報を正しく扱うというのは、本来、これくらいの訓練が必要なのです。

命に関わる国家資格には、他にも例えば危険物取扱者などがあります。爆発の危険がある、命に関わるような劇物を、この資格なしに扱えるでしょうか。あるいは、こういった劇物の情報を、安易に発信できるでしょうか。

私なら、怖くてできません。それにもかかわらず、医療情報は、なぜか気軽に扱われてしまっているのです。

医師にすべて任せれば安心？

医療情報は扱うのが難しいから、すべて医師に任せよう――こう考えたくなる方もいるでしょう。残念ながらそれは、ウソや不正確な情報に振り回され、騙される構造につながってしまいます。

「パターナリズム（父権主義）」という言葉を聞いたことがあるでしょうか。パターナリズムとは、強い立場の人が、弱い立場の人の意思を問わずに、本人の利益になるとして介入・干渉・支援することを指します。医療の知識がある医師のほうが患者よりも立場が強くなってしまうことから、この関係性は医療の現場で生まれやすいものとなっています。

このことは、偉そうな医師を生み出してしまう原因になると同時に、「お医者さんって偉そう」という不信感を患者側に抱かせてきました。

1970年代初頭、医療社会学者のエリオット・フリードソンは著書『医療と専門家支配』（恒星社厚生閣）の中で、パターナリズムについて指摘しています。フリードソンは、まさに、「専門家というのは、社会的支配力を獲得しやすい」と述べました。情報の格差は、立場の格差にもつながってしまうのです。しかし、そもそもなぜ、情報の格差が生まれたのかといえば、それはできるだけ多くの命を助けるためだったはずです。これはなんとも皮肉な結果です。

パターナリズムが問題になるにつれ、医療現場も変わり始めます。そこで登場したのが、「インフォームド・コンセント」の概念でした。

インフォームド・コンセントでは、患者は医師から医療方針について十分に説明され、納得したうえで、患者が自分で治療や処置を受け入れるという決断を下します。パターナリズムに対抗するものとして普及し、私が医学教育を受けた2010年代には、医療現場ではもはや、当たり前の考え方になっていました。

つまり、これが徹底されていれば偉そうな医師はもはや存在しないはずなのです。しかし、実際には「お医者さんが偉そう」という意見は、今も残っているように私は感じます。その理由は、インフォームド・コンセントもまた、理想だから。患者は自分だけでは、なかなか決断できないのです。

例えば「60％の可能性である病気が治るものの、1％の可能性で重い副作用が起きるかもしれない薬」があるとします。

もし、私がこの病気の患者だったとして、この薬を使うことを、自分だけで決断できるかと問われれば、正直、自信がありません。60％ですから、治る可能性のほうが高い。でも、たとえ100人に1人の確率とはいえ、自分に副作用が起こる可能性はゼロではない。病気は治したいけど、副作用は怖い。この薬を使うべきなのか、判断できない。それが率直な感想です。

客観的な情報、つまり「この薬を使えば60％の可能性で病気が治ります」「副作用があるのは100人に1人です」といくら伝えたところで、「薬を使うべきだ」「薬を使うのはよそう」と決断できる人ばかりではないのです。

このような状況において、医師がどこまで介入するべきかというのは、ずっと議論されてきたことです。この状況で、私が医師に「副作用が怖いので、薬は使いません」と意思を表明したとします。リスクを比較すると、この決断は合理的とはいえません。しかし、インフォームド・コンセントを徹底するのであれば、説明をしたうえで患者が下した決断は、たとえそれが非合理的でも尊重しなければなりません。

私が学生の頃に、医療倫理学の講義で、パターナリズムについて議論をしたことがあります。例に出したこの薬を使うことを、患者が拒否している。医師はどうするべきか、というものです。「命が助かるのだから、強引にでも投与するべき」「たとえ亡くなっても、本人が選んだことだから」など、同級生の間でも意見はバラバラだったことを、今でも覚えています。もちろん、これは人によって出す答えが違う議論です。

医療情報は当然のこととして、倫理的な側面についても十分に学んできた医師ですら、日々現場で、このような葛藤に常に頭を悩ましているのです。

医師は「不完全な代理人」である

医師が、必ずしもいつも患者の利益のことだけを考える存在ではないという点にも、注意が必要です。このことは、私たちが騙されにくくなるためにも、知っておかなければいけません。

医師も人間であり、意識的か無意識的かによらず、「ズル」をすることがあります。これを専門的には、医療において医師は「不完全な代理人」であると表現します。

「完全な代理人」としての医師というのは、患者の利益を最大化することだけに集中している存在です。しかし、実際は「患者の利益を最大化する」と同時に、「自分の利益を最大化する」ように行動してしまうのが人間です。ここでいう利益とは、経済的なものに留まらず、「研究のため」なども含まれます。何も、不当にお金を儲けたり、研究のために人体実験をしたり……というわかりやすいズルだけを意味するものではありません。

例えば、5歳のたかしくんが公園で転倒したとしましょう。医師は適切に診察をして、大きな問題はないので「帰宅させて様子を見よう」と判断しました。医師がそう保護者に説明すると、たかしくんのお母さんは「先生、心配だから念のため頭のCTを撮ってください」といいます。

さて、ここで「念のため」頭部CTを撮影することは、医学的に妥当でしょうか。不必要な頭部CTは将来のがんリスクをわずかではあるが上げるという報告があり、基本的には避けたい、とこの医師は考えました。しかしここに、このクリニックにはCTを撮影するための機器があって、ある程度は稼働させないとクリニックが赤字になるという事情があったとします。この医師がCTを撮影する誘惑に駆られない保証はあるでしょうか。

この場合のポイントは、医師に「たかしくんのお母さんを安心させる」という大義名分ができてしまったことです。もしかするとこの医師は、医学的には妥当ではなくても、CTを撮影してしまうかもしれません。もちろん、リスクはわずかなものであり、このような特殊な状況での医師の行動を責めるのはフェアではありません。

あえてこのような例を紹介したのは、これもまた一つの経済合理性の形であることに注目してほしかったからです。経済合理性は、医師に対しても働き得るものなのです。

すべての医学生が必ず一度は聞かされるヒポクラテスの誓いに、こんな一節があります。

> 自身の能力と判断に従って、患者に利すると思う治療を選択し、害と知る治療を決して選択しない
> 生涯を純粋と神聖を貫き、医術を行う

私は当時、正直、この意味がよくわかりませんでした。でも、医療記者になった今ならわかります。

不完全な代理人であるがゆえに、ズルをする気になればいくらでもできてしまうからこそ、心ある人、誠実な人が医師でなければなりません。それでもなお、売れるから作るという経済合理性の力は、とても強い。知らず知らずのうちに、心が囚われてしまうこともある。

だからこそ、医師は常に自問自答し、誓いを立てなければならないのだ、と。

怪しい治療が患者を安心させるという矛盾

医師が経済合理性に囚われてしまった最悪の例が、医師による怪しい「治療」です。

例えば今、患者からは良い意味で、私のような医療記者からは悪い意味で、注目を集めているものにがんの「免疫療法」があります。がんの三大療法として知られるのは手術・抗がん剤・放射線ですが、第四の治療として「患者の免疫に働きかける」と謳う免疫療法への期待が高まっているのです。

気をつけなければならないのは、今免疫療法と呼ばれているものの中には、効果が科学的に証明されたものと、証明されていないものがあることです。このうち、効果が証明されていない「免疫細胞療法」などの治療が、保険外の自由診療として、合計数百万円といった高額で提供されているのです。

混乱しやすいのは、「免疫チェックポイント阻害剤」と呼ばれる正真正銘の薬があることです。代表的なものはオプジーボという薬で、ニュースなどで名前を聞いたことがある方もいるかもしれません。これは効果が証明されている治療薬で、一部のがんには保険適用もされています。

この免疫チェックポイント阻害剤への期待に便乗する形で、効果が証明されていない免疫細胞療法を「免疫療法」と称して、患者を誤解させるようにして宣伝する自由診療のクリニックが増えています。

医学教育を受けた者の一人として、私はこのことを悲しく、そして何より恥ずかしく思います。怪しい「治療」を提供する医師というのは、医師の倫理の基本中の基本であるはずの、ヒポクラテスの誓いを破ってしまった人です。

２０１７年時点での医師の届出数は約32万人。これだけの数医師がいれば、中にはそういう人もいる。残念なことではありますが、私たちが医療デマから身を守るためには、認めなければならないことの一つです。

こうしたクリニックは、誠実ではないがゆえに、患者に無責任に「治ります」といい切ります。また、高額な費用を受け取るため、サービスとして、あるいは後ろめたさから、患者に対して親切になる傾向もあります。一方、通常の医療現場では、人手不足により、どうしても医師が忙しくなります。コミュニケーションに充てる時間が取れず、「偉そう」に代表される医師への不信感は、さらに増していく。

ここに、怪しい「治療」をする医師が入り込んでくるのです。

患者に命に関わるような病気を告知したときに、患者がそれを受容するまでの代表的なプロセスに、精神科医エリザベス・キューブラー・ロスによる「5段階モデル」があります。

第1段階は「否認と孤立」。命に関わる病気であること、自分に死の危険が訪れようとしていることを、頭では理解しようとするが、「何かの間違いだ！」と、感情的に否認（逃避）してしまう、というものです。

第2段階は「怒り」。「自分が死ぬかもしれない」ことは認識できたが、「どうして自分がこんなことになるのか」という怒りを感じる段階です。そして第3段階が「取り引き」。この段階では、たとえ信仰がない人でも、神にすがり、死を遅らせてほしいと願うといいます。

キューブラーのモデルでは、第4段階「抑うつ」を経て、第5段階の「受容」に移り、ようやく心に平穏が訪れるとされます。

しかし、ネット時代においては、この受容のプロセスもまた、大きく変化していると考えられます。というのも、昔は医療情報が医師のところに集約されていたため、やがては告知した医師の元へと患者は戻ってきました。しかし、今はネットで24時間365日、いくらでも情報収集ができてしまいます。その中には、患者にとって耳あたりのいい言葉、例えば、「免疫細胞療法でがんが消えた」といった言葉が含まれています。このような言葉によって、患者は否認や取り引きをしようとする思いを強めてしまうのです。

高濃度ビタミンC療法や、温熱療法など、効果が証明されていない高額な「治療」は、免疫細胞療法以外にもたくさんあります。

騙されないために私たちにできることは「医療にも限界がある」ということを受け止めることでしょう。しかし、これはあまりにも酷な話でもあります。だって、私たちは健康になりたいのですから。

一部の患者の遺族からは、怪しい「治療」について、「ウソだったとしても、心の支えになっていた」という声が聞かれることもあります。

そんなとき、私は医療の限界を感じて、いたたまれなくなります。だからこそ、私は怪しい「治療」を提供する医療者の罪が重いとも思うのですが。

生き死にに関わることですから、何が幸せなのかは、他の誰にもわかりません。自分にもわからないかもしれない。怪しげな「治療」をウソだと指摘することで、患者さんの最後の希望を奪ってしまうことになるのかもしれない。私もまた、葛藤を抱えながら、医療記者としてこの問題を見つめています。

メディアが伝える「健康・医療情報」

正しい知識を持たないジャーナリズムは機能しない

私の使命は「誰も医療デマに騙されることのない世の中」を実現することです。そのためにできるのは、医療デマを生み出す医療情報の格差を少なくするか、騙す人が騙せなくすること。実は、この両方を実現するための機能は、ずっと前からありました。ジャーナリズムです。

医療記者となることで私もその末席に連なり、これまでに健康・医療情報をわかりやすく伝える取り組みや、騙す人の調査・報道をしてきました。その結果、自分の一つの記事を数百万人の方が読んでくれたり、追及により姿勢を改めるメディアが現れたりもしました。

しかし、このジャーナリズムを担うはずのメディアが、特に健康・医療情報について、変質していることに気づいてしまったのです。

メディアが医療情報を発信する理由は、ジャーナリズムとビジネスの二つです。知る権利という言葉は、今では著名人のスキャンダルを暴く大義名分になっていますが、本来は情報の格差を解消するように働く力のことです。情報の格差がなくなれば、医療デマは発生しにくくなるでしょう。また、より直接的に、騙す人の手口を追及し、世に知らしめることで、これ以上騙すことをさせにくくする抑止力にもなります。

「誰も医療デマに騙されることのない世の中」のためには、ジャーナリズムの機能が非常に重要なのです。

ただし、ジャーナリズムによって知らされる情報は、正しいことが大前提です。健康・医療情報については、この部分に大きな問題があります。この章で説明したように、医学に通じた人でないと、健康・医療情報を正しく扱うのは難しいのでした。

医師が駆け出しになるまでと同じく10年以上というのは極端ですが、医療記者が駆け出しになるまでには相応の「修行」が必要です。はたして、今のメディアに、しっかりこの分野の勉強をした人は、どれくらいいるのでしょうか。

私は何も、自分が医学教育を受けたことを鼻にかけようとしているわけではありません。医療という発展を続ける分野を横断的に担当するには、本来は医学生以上の勉強が必要。このシンプルな事実を伝えたいだけなのです。

実際、特定の領域において医師と同等か、それ以上の知識を持つ専門編集者・ライターの方がいますが、このような方たちは、自ら論文を読み、学会に足を運び、取材を絶えず続けています。私もそのような先輩たちに教えられるばかりの毎日です。


一方、そうでない編集者やライターも、残念ながらたくさんいます。勉強しようとしない人たちが難しい医療情報を扱うと、どうなるでしょうか。新しいダイエット法が現れるたびにそれを取り上げたり、免疫細胞療法を夢の治療として紹介したりするなど、ウソや不正確な情報を拡散させてしまうのです。

正しい情報を伝えることの難しさ

また、これは医療記者になってみないとわからなかったことですが、専門家の言葉をしっかりと理解したとしても、それをそのまま伝えるだけでは、情報格差は埋まりません。一般の人にもわかりやすい説明が必要ですが、これがまた、難しいのです。というのも、医療の言葉をわかりやすくする過程でウソや不正確な情報になってしまうことが、しばしば起きるからです。

例えば、新型たばこと呼ばれる「アイコス」や「プルーム・テック」には、「受動喫煙はない」といわれることがありますが、これは誤りです。しかし、このことを指摘するために、これらに「受動喫煙による健康被害がある」といえるかというと、そう歯切れ良くはいい切れません。

正確に表現しようとすれば、「新型たばこから有害な物質が出ていることを明らかにする複数の研究結果があり、有害であることはほぼ確実だと信頼できる専門家は説明するが、受動喫煙の健康被害を立証するためには長期の研究が必要で、販売されてまだ数年の新型たばこについてはそれがなされていない」となります。わかりにくいですよね。

これをわかりやすく表現するなら、「新型たばこに害があることはほぼ確実だが、まだ十分なデータはない」となります。するとどうでしょう。「受動喫煙はない」という疑わしい主張をする人に、「データはないんじゃないか」と反論の機会を与えてしまうことになるのです。

また、ひと口に専門家といっても、いろいろです。医師の中にも、お金を儲けたい人、自分の専門領域さえ勉強をしていない人、自分の専門以外に口を出してしまう人、科学的根拠のない治療を信じている人などがいるのは、残念ながら事実です。このような人たちのいうことには、ウソや不正確な情報が含まれています。

だからこそ、伝える側も勉強をしていないと、このような人たちのいうことでも「お医者さんのいうことだから」と真に受けてしまい、そのまま発信してしまうことが起こり得るのです。

ジャーナリズムを担うはずの既存メディアも、時々ウソや不正確な情報を発信しています。これは、正義の味方が実は敵だったようなものなので、健康になりたい人にとってみれば、深刻な状況です。

ネット時代になり、このような状況は、より一層起こりやすくなったといえるでしょう。

ネットの可能性と危険性

ネットでは、誰でも、好きなときに情報を発信することができます。ある分野の専門家、(医療情報を扱ううえでの) 素人、新聞やテレビなどの既存メディア、新興のネットメディアがすべて同じところに横並びになっているため、ネット利用者は、誰が正しいのかを判断していくことになります。

時には、素人の発信が、専門家やメディア以上の影響を与えることもあります。このことを象徴する調査結果を、日経新聞が2017年11月16日に公開された特設サイト「誰がインフルエンサーだったのか」上で発表していました。これは、同年10月に実施された衆議院議員選挙についてのものです。

調査は、この衆院選に関するツイッター上のツイートのうち、拡散されたツイートをランキングにしたもの。そして、もっとも影響力があったのは、政治家やメディアではなく、一般人のツイートだったのです。ちなみに、このツイートは、選挙への投票を促す、ポジティブな内容でした。

このことは、たとえ素人であっても、専門家やメディア以上に社会貢献ができるということ、すなわち、ネットの可能性を示すものといえます。

この可能性は、同時に危険性をもはらむものです。私は、２０１７年11月17日に、ネット上のあるウワサを検証しました。

きっかけは海外在住のあるツイッター利用者のツイートでした。赤ちゃんが夕方に突然泣き出して泣きやまなくなることを黄昏泣きと呼ぶことがありますが、このツイッター利用者は、これが「コリック」という現象で、原因は腸に溜まるガスだと主張しました。

そして、コリックへの対処法として、赤ちゃんのお尻にカテーテル（管）を挿入してガス抜きをすることを、イタリアでは「誰もが知ってます」と紹介したのです。このツイートは2万回以上リツイート（拡散）され、影響力のあるまとめサイトにも複数、転載されました。

ところが、素人が赤ちゃんのお尻に管を挿入することには、専門家から危険だという指摘が続出しました。

私も専門家に取材し、これはやはり控えたほうがいい行為であり、そもそも赤ちゃんは特に理由がなくても泣くということを報道しました。

このツイッター利用者は、医療の専門家ではない、一般の出産・育児経験者でした。ネットではこのように個人の見解でも、影響力を持つことがあります。それが有益な情報であればいいのですが、その影響力が悪いほうに作用すると、ウソや不正確な情報を生み出すことになってしまいます。

ただし、ここで申し添えておかなければならないのは、このようなウソや不正確な情報が発生してしまうのには、世の中のお母さんたちに育児疲れなど、このような情報を求める背景があることです。

このツイッター利用者は、悪意を持ってこのようなウワサを広めたわけではないはずです。単純に、知識が不正確だったのです。そして、そもそもこの知識を披露しようとしたのは、医療が、あるいはメディアが、育児に困っているお母さんたちの要望に応じきれていないから、という背景があります。

メディアは、経済合理性と無関係ではいられない

メディアが医療情報を発信するもう一つの理由は、ビジネスでした。そして、お金を儲けるために作られる情報、つまり経済合理性が働いた情報は、ウソや不正確なものになりがちです。

一番わかりやすい例は広告で、メディアに載る広告は、少なからず広告主によってコントロールされています。たとえ品質の低い商品でも、「品質が低い」と指摘する広告は、あり得ないといっていいでしょう（そもそも品質が低い商品は宣伝しない、という選択をするメディアもありますが）。

広告のように露骨ではなくても、例えば健康食品を販売している大手メーカーがスポンサーになっているテレビのニュース番組で、健康食品を批判する内容を放送できるのか、という問題があります。メディアもまた、経済合理性からは、なかなか自由にはなれないのです。

メディアは健康にまつわる情報を好んで取り上げます。これがなぜか、はっきり理解できたのは、ネットメディア、特にテクノロジーを重視しているバズフィードの記者になってからでした。バズフィードが開発したシステムでは、記事の反響が数字で明確にわかります。

「何人が読んだか」だけでなく、「タイトルはAとBのどちらが良かったか」「何割の人がどこで読むのをやめたか」などが、はっきり示されるのです。ここまで最先端のシステムは、何社ものメディアで執筆をしてきた私にとっても、初めて使うものでした。そして、このシステムで分析したところ、健康・医療の記事は、読者の関心がとても高いことがわかりました。

考えてみればそれも当然で、極端にいえば、「この記事を読まなければあなたは死ぬ」と脅かされれば、誰でもその記事を読もうとするはずです。

どんなメディアも、売れなければ存続できません。この場合、売れるとは必ずしもお金をもらうことではなく、テレビやネットのように見られることも含みます。これは、影響力があるといい換えてもいいでしょう。メディアは影響力を元にした、特に日本では広告収入を主とするビジネスです。影響力がなくなれば、ビジネスが成立しなくなります。結果として、どんなメディアも、経済合理性により、売れるものを作ろうとします。

メディアで働く者として、自戒を込めていっておかなければならないのが、ジャーナリズムの機能を持つメディアもビジネスである以上は、そこに存続するためにという行動原理が意識的にしろ、無意識的にしろ、入り込んでくるということです。

だから、新聞や雑誌、本、テレビ、ネットなど、メディアであればなんであれ、健康・医療というテーマを多く取り上げるようになるわけです。しかし、「正しい情報を伝える」ジャーナリズムと「売れそうな情報を伝える」ビジネスのバランスが崩れれば、結果として起きるのは「売れそうな情報」の氾濫でしょう。

「スマホ化」で苦しむ既存メディア

ネットが普及したことにより、テレビや新聞など、既存メディアは苦境に立たされている、といわれることがあります。

その理由の一つが「可処分時間」の奪い合いです。スマートフォンが普及した今、メディアは、情報の受け手が自由にできる時間を、スマホを介してできるあらゆることと奪い合っています。

「新聞を読む」「テレビを観る」ことは、手元のスマホで「ＬＩＮＥを送る」「ＹｏｕＴｕｂｅを観る」「ゲームをする」などと同格になっているのです。メディアの世界には「最強のコンテンツは好きな人からのＬＩＮＥ」という言葉があります。限られた時間の中で、政治や経済の話題ばかりの新聞を読むのか、待ち望んだ想い人からのＬＩＮＥを読むのか。苦境に立たされている理由が、理解していただけるかと思います。

忙しい現代人のスキマ時間に入り込みやすいのは、時と場所を選ばないスマホ上の情報になっていくでしょう。ネットにより爆発的に膨れ上がった情報の中で、それが一堂に会するスマホの上で、既存メディアは相対的な存在感をどんどん失っている。存在感、つまり影響力を失えば、ビジネスが立ち行かなくなります。

そうすると、より多くのお金を儲けようとして、「売れるから作る」が加速することになります。しかし、ここで犠牲になるのが、情報の信頼性です。

正しい情報は売れそうにない

メディアの立場からすると、そもそも、正しい情報というのは売れそうにありません。仮に『健康になりたければ野菜を食べなさい』というタイトルの本があったとして、読みたいと思うでしょうか。思いませんよね。ダイエット同様、誰だって知っていることには興味を持とうとしないのです。

では、もしこれが『健康になりたければ野菜を食べるな』だったら、どうでしょう。「おや」と、その意外性、野菜を食べなくてもいいというラクさに興味を引かれた方もいるはずです。

だから、そのような本が作られます。そして、売れた本はどんどん真似されますから、その中で差異をつけるために『野菜に殺されないための50の心得』なんて、より過激な本が作られるかもしれません。しかし、「野菜は健康に悪い」が正しいのかといえば、当然、そんなことはないでしょう。

「売れるから作る」を追い求めるあまり、いつの間にか、情報が正しくなくなってしまうのです。

とはいえ「野菜」くらいなら、実害はさほど大きくないと予想できます。では、これが「薬」や「医者」だったら。そんな本が売れるほど、マネされるほど、薬は怖いものというイメージがついてしまいます。医者にかかりたくなくなるかもしれません。

これが今、出版不況といわれ、現行のビジネスモデルの破綻が他メディアよりも早く訪れつつある、書籍や雑誌の業界で起きていることです。本来、健康になりたい人を守るためのジャーナリズムを担うはずのメディアが、メディアを存続させるために、健康になりたい人を食い物にしているのです。

少なくとも書籍というのは、長らく知の宝庫であったはずです。私は2018年2月現在30代前半の、紙の本を読んで育った世代です。だからこそ、『野菜に殺されないための50の心得』のようないわゆる健康本を見るたびに、憤りを感じざるを得ません。私たちが読んできた本とは、その程度のものだったのですか、と。

売れる情報というのは、概して過激なものや、意外なものです。あるいは、「すぐに」「ラクに」など簡単にできるもの。そう、ダイエットと同じです。人間はどうしても強い言葉や、ラクなほうに流されるので、当然といえば当然なのかもしれません。

しかし、ジャーナリズムを担うメディアが、正しい情報ではなく、ウソや不正確な情報ばかりを発信するようになってしまったら、そもそもなぜ影響力を持っていたのか、というところから疑われるでしょう。書籍や雑誌が迎えた状況は、やがて訪れるメディア全体の破滅の始まりともいえると、私は思います。


幸いなことに、私の所属するバズフィード・ジャパンの医療部門（バズフィード・ジャパン・メディカル）は、それ自体は採算部門ではありません。無理やり記事を読ませることは求められていないし、広告を取ってくる必要もありません。経済合理性が働きにくい環境で記者をしていられるというのは、本当にありがたいことです。

しかし、採算部門ではないということは、ビジネスが不振になれば真っ先に閉鎖の対象になるということでもあります。ネットにジャーナリズムが成立するのか、というのは、ジャーナリズムに関わる人の中でもホットな議論ですが、私は時にハラハラしながら、身をもってそれに挑戦しているところです。

経済合理性には勝てない？

暗いニュースばかりで、元気が出ないかもしれません。しかし、このような状況にあることをまずは認識しなければ、何も変わらない構造の中で、騙され続けるだけになってしまいます。だからこそ、私はこの章で、医療デマが生み出される構造を整理し、紹介したのです。

正直にいえば、私も時々、諦めてしまいそうになることがありました。「はじめに」でも紹介したように、ネットの医療情報のあり方が厳しく問われたＷＥＬＱ問題から学ぶこともなく、ネットではその後、新たな騙す人と、いたちごっこが繰り返されたからです。その間、例えば書籍や雑誌などの問題は、注目されることすらありませんでした。「経済合理性に私たちは勝てないのかもしれない」、そう思ってくじけそうになったことも、一度や二度ではありません。

しかし、私は今、勝ち目はあると確信を持っています。それは、ジャーナリズムが経済合理性を１８０度、逆に向かわせた事例を、目の当たりにしたからです。

きっかけになったのは、まさにそのWELQ問題。ちょうどディー・エヌ・エーの謝罪会見から1年後に、医療情報を取り巻く環境は、大きな変化を迎えたのでした。第二章では、ネットの世界の巨人の決断とその影響について紹介します。

第二章

ネットメディアと既存メディア、分かれた明暗

ＷＥＬＱ問題とはなんだったのか？

ＷＥＬＱ問題は、テレビや新聞などの既存メディアを中心に「ネットの弊害」として取り上げられました。しかし私は、この問題から、ネット上の医療情報には「自浄作用」が働き得る、という教訓が得られたと考えています。

では、自らを「信頼できる」立ち位置に置いた、既存メディアはどうでしょうか、と問うてみたいと思います。特に、書籍や雑誌などの紙媒体では、未だにこの自浄作用が働いていないばかりか、それがますます難しくなっている現状があります。

ＷＥＬＱ問題以降、ネットで何が起きたのか。既存メディアは、どんな現状にあるのか。この章では、それぞれについて、私の取材を基に紹介していきます。

「がん」で検索する時代

ＷＥＬＱについて、私はよく火付け役という紹介のされ方をします。

たしかに、私が２０１６年9月10日、ヤフーニュースで公開した「医療情報に関わるメディアは『覚悟』を──問われる検索結果の信頼性」という記事が、後に続く報道のきっかけになりました。

私がその記事で問題提起したのは、がんなどの人の命に関わる医療情報が粗製濫造され、ネットの検索上位を占め続けていることでした。

今や、病気かなと感じたら、誰もがググる時代です。世界最大の検索エンジン・グーグルは、２０１５年時点で、１日に約30億回、年間１兆回の検索を処理していると発表しています。

一部では、２０１６年時点で、年間２兆回の検索という推計がささやかれています。２０１８年現在、この数はさらに伸びていることでしょう。その中で、健康や医療についての日本語の検索結果は、「毎日数百万件以上」に上ることを、グーグルは公式に発表しています。

がんなどの命に関わる病気について、患者はネット検索で情報を収集している、とする調査結果もあります。ＮＰＯ法人ＨＯＰＥプロジェクト「遺伝性腫瘍に対する意識調査」

によれば、がんの情報は、健康なときはテレビから、がんと診断されてからはネットから入手する人が多いことがわかります。
自身も乳がん体験者で、全国がん患者団体連合会の理事や、国のがん対策推進協議会委員を務める同プロジェクト代表の桜井なおみ氏は、バズフィード・ジャパン・メディカルの取材に、がん患者がインターネットを「字引きのように」使ってしまう実態を指摘しています。

例えば、大腸にポリープができたとか、ある検査の数値が高いとなると、これはどういう意味を持つのかと検索してしまう
（出典：「ネットの医療情報、叩くだけでは始まらない　迷っている人の羅針盤に」）

医療情報を正しく扱うことが難しいのは、すでに指摘したとおりです。こうして検索された情報の中には、恐怖を煽るもの、さらには、その心理につけ込んで、健康食品などを売りつけようとするものもあるのです。辞書だと思っていたら、落書きだったり、さらには広告だったりする。このことは、あまり知られていません。

インターネットで情報を探す人に聞くと、検索で上位に出てきたものを見る人が多いのです。ところが、どれが正しい情報かわからないし、上位に広告記事が出てきて、一般の記事と区別がつかない。みんな、「私に適した情報」を探すのに、結局よくわからないから迷ってしまいます。

（出典：「ネットの医療情報、叩くだけでは始まらない　迷っている人の羅針盤に」）

「多発性骨髄腫」で検索すると？

２０１６年9月10日時点での「多発性骨髄腫」という病気の検索結果を振り返ってみましょう。

聞き慣れない病名かもしれませんが、多発性骨髄腫は血液のがんで、１年間に人口10万人あたり５人が発症するとされる、重い病気です。この検索結果の１番目は「慶応大学医学部血液内科」のウェブサイト、２番目は「がん情報サービス」という国立がん研究センターがん対策情報センターのウェブサイト、そして、３番目が「ＷＥＬＱ」でした。

WELQの記事には、気になることが多くありました。「多発性骨髄腫ってがん？　骨の痛みや腰痛が現れる？　進行度と治療法を解説」の執筆者はjonasanという人物でしたが、顔写真のアイコンや、自己紹介のプロフィールはありません。私が最初にWELQに疑問を持ったのは、まさにこの点でした。

多発性骨髄腫なんて、一般の人が知っている病気ではないはずです。私はたまたま医学教育を受けたからわかるものの、はたしてこの記事の著者は、どんな人物なのだろう、と思ったのですが、プロフィールを読んでも、この人物のバックグラウンドはよくわかりませんでした。

もう一点気になったのが、タイトルです。私は、医学部卒業後、ネットメディアで1年ほど編集長をしていました。その経験から、この記事の「多発性骨髄腫ってがん？　骨の痛みや腰痛が現れる？　進行度と治療法を解説」というタイトルが、明らかにネット検索を意識しているものだと直感しました。

このタイトルを読んだとき、まどろっこしいと感じなかったでしょうか。これは、特定のキーワードを散りばめることで、できるだけ多くの利用者の検索結果にヒットするようにというテクニックの下で作られたものです。例えば、「多発性骨髄腫　がん」「多発性骨

髄腫 腰痛」「多発性骨髄腫 治療法」など、さまざまな組み合わせの検索に対応できます。これは、ネットメディアがＰＶ（ページビュー）、つまり、のべ閲覧数を稼ぎたいときによくやる手法です。

このような露骨なＰＶ稼ぎを、医療情報についておこなって大丈夫なのだろうか。そういう姿勢で作られた情報は、本当に信じていいのだろうか。そう思って読み進めていると、記事末に非常に小さく、薄い文字で記載された、衝撃的な文言が目に飛び込んできました。

当社は、この記事の情報及びこの情報を用いて行う利用者の判断について、正確性、完全性、有益性、特定目的への適合性、その他一切について責任を負うものではありません。この記事の情報を用いて行う行動に関する判断・決定は、利用者ご自身の責任において行っていただきますようお願いいたします。

つまり、ＷＥＬＱの記事が信頼できるかどうか、運営元のディー・エヌ・エーはわからないし、その結果として何が起きても、責任は持たないという宣言です。しかし、医療情報は、命に関わるものです。それを掲載しておきながら、利用は自己責任というのはおかしいのではないか。私は調査を始めました。

ＷＥＬＱの記事は、２０１６年9月10日時点で他にも、「胃がん」の検索結果で1位、「乳がん」で5位、「肝臓がん」で3位でした。

これらの病名は、当時、月間数万回以上の検索があったキーワードです。そして、これらの記事の執筆者はすべて匿名で顔写真はなし、プロフィールはそれぞれ「薬剤師」「記載なし」「元看護師」。記事のアクセスカウンターによれば、「乳がん」の記事はその時点で、累計１００万以上のＰＶとなっていました。

「乳がん」という深刻な病気について、のべ１００万人以上が、「信頼できるかどうかはわかりません」と開き直った情報を閲覧していることになります。

ＷＥＬＱの「手口」

ＷＥＬＱは２０１５年10月に運営を開始したネットメディアで、２０１６年7月には訪問者が月間６００万人を超えていたと発表されています。直近3カ月で2倍以上と、訪問者が急増していました。訪問者獲得の背景にあったのが、ＳＥＯ（検索エンジン最適化）

という手法でした。前述したタイトルづけもＳＥＯの一種です。

ＷＥＬＱは最盛期に、８０００文字前後の記事を、毎日１００本以上公開していました。そして、長い記事を多く公開するサイトというのは、当時のグーグルのシステムにとってはいいサイトということになっていました。これもまた、ＳＥＯです。

ここで、グーグルの検索システムについて、少し説明しておきましょう。巨大なインフラになったグーグルが、検索結果の順位を手動で調整するということは、めったにありません。キーワードによっては、トップになることで、月に数十万、数百万のＰＶになることもあるのですから、順位は公平に決定しなければならないのです。

そこで、グーグルは独自に開発するアルゴリズム（ルール）により、自動で読者の満足度を測定し、順位を決定するようにしています。当時のアルゴリズムは、長い記事が多く公開されていれば、それをいいサイトと認識する仕様でした。ちなみに、このような攻略を防ぐため、グーグルは仕様を公にはしていません。

公にはなっていないものの、ＳＥＯのプロの手にかかれば、順位を操作できてしまいます。ＷＥＬＱの長文記事の大量生産という手法により攻略された当時の検索エンジンは、ＷＥＬＱを上位に表示させるようになりました。こうしてＷＥＬＱは、当時の健康・医療関連の検索結果を独占しつつあったのです。

　ところで、８０００文字前後の記事を、毎日１００本以上公開する運営体制で、本当に質の高い記事を更新し続けられるでしょうか。例えば、医学教育を受けたプロの記者である私が、医療記者として２０１７年の１年で執筆できたのは、４０００文字前後の記事約１００本です。ＷＥＬＱの１日あたりの執筆量は、単純計算で、私が２年かけてやっと書きあげることのできる量になります。つまり、これを維持するためには、私を７３０人雇わなければならないということです。私の月給を仮に40万円とすると、合計金額はおよそ3億円。ＷＥＬＱを専門家ライターで運営しようとすれば、毎月3億円かかっていたことになります。

　もちろん、こんな規模で運営をしている健康系メディアは、どこにもありません。ＷＥＬＱはこれをクラウドソーシングという手法で実現しようとしました。クラウドソーシングというのは、ネットを利用した仕事あっせんのサービスです。副業でも、遠隔でも仕事をすることができるため、人気があります。

　しかし、クラウドソーシングで仕事をしている人の中には、プロと呼べる経験を積んでいない人も多くいます。そもそも、医療の知識がある専門ライターであれば、わざわざクラウドソーシングを利用する必要はないでしょう。そのようなこともあり、質の低い仕事も目につくのがクラウドソーシングの現状です。

そこから量産される医療情報の記事は、当然、質の低いものをたくさん含むことになります。これこそ、WELQ問題が顕在化してから批判された、他の記事からの盗用や、「肩こりの原因は霊である」などとする粗末な記事掲載の背景だったのです。

バズフィード・ジャパンのスクープ

このような運営への批判をかわすために、ディー・エヌ・エーは「自分たちはプラットフォームである」と主張していました。プラットフォームがどういうものか考えるうえでは、2ちゃんねるがわかりやすいでしょう。情報発信はユーザーが勝手にするもので、運営側はその内容に責任がない、という姿勢です。つまり、WELQ閉鎖までは、医療情報について、体制としては2ちゃんねると大差のないサイト上の情報が、検索結果の上位に表示されていたことになります。

それ自体も不安なことですが、「情報発信はユーザーが勝手にやったもの」というのは、本当のことだったのでしょうか。

それがウソだったことがわかったのが、バズフィード・ジャパンのスクープでもあるマニュアルの存在。これは、WELQ編集部が、外部のライターに記事の書き方を指示する目的で作成したものです。マニュアルがあったのなら、ディー・エヌ・エーがWELQをプラットフォームであるとした主張が崩れます。実際には、テーマの選び方や、記事の書き方を指導するマニュアルが存在していたのです。同社はクラウドソーシングで大量に集めた外部のライターに、このマニュアルを共有して、安い報酬でたくさんの記事を書かせていました。

このマニュアルには、検索で上位に表示させるためのSEO対策や、ネット上でコピーした他のメディアの記事を巧妙に一部改変し、盗用をごまかす手法までもが掲載されていました。

2016年11月28日に掲載されたバズフィード・ジャパンのスクープを受ける形で、同社は翌29日にＷＥＬＱ全記事を非公開にしました。12月1日には、同様の運営体制だった他の8メディアも全記事の非公開に踏み切っています。同社が運営し、若年層の女性に高い認知度を誇っていたメディア「ＭＥＲＹ」も、「盗用記事や公序良俗に反すると思われる記事全般を削除した」結果、9割以上の記事がなくなり、その後、全記事が非公開となりました。

この間、バズフィード・ジャパンやその他の報道機関がこの問題を取り上げたことで、都議会議員のおときた駿氏が、都の健康安全部にＷＥＬＱの問題点を持ち込み、都からディー・エヌ・エーに呼び出しがかかったことも知られています。

私の問題提起は徐々に大きなうねりとなり、最後に届くべきところに届いたのでした。ディー・エヌ・エーが２０１６年12月7日に開いた会見には、創業者の南場智子会長、守安功社長、小林賢治経営企画本部長の3人が出席して謝罪。守安社長はマニュアルの存在を非公開化の理由として挙げ、「バズフィードの報道で知った」と述べています。また、南場会長は、「ＷＥＬＱの内容は関知していませんでした」と現場の状況を把握できていなかったことを明かしています。ＷＥＬＱ問題は、現場がメディアとしての成長を追い求めるあまり起こった事件として、記録されることになったのです。

WELQは私だったかもしれない

私がWELQ問題を発見できたのは、医療の知識とネットの知識、両方があったからだと説明しました。後者は、より具体的にいえば、ネットメディアの運営知識です。私は医学部卒業後、新卒でネットメディアの運営企業に入社しました。だからこそ、私はこの現場の暴走に、既視感を覚えたのです。

私が関わり、後に編集長になったメディアは、ウェブ制作についてのノウハウを紹介するメディアでした。デザインやプログラミングの記事を中心に運営され、入社時点では200万PVほど。編集長退任時点では650万PVになっていました。

その会社でやっていたのは、まさにSEOでした。記事のタイトルにキーワードをできるだけ入れ込む。記事はできるだけ長文にする。WELQと異なる点があったとすれば、クラウドソーシングには手を出さず、専門家であるデザイナーやプログラマーが執筆した記事を、少人数の編集部でなんとか編集し、公開していたところです(その仕事量からくるストレスで、私は40kgも太ってしまったわけですが)。

ネットメディアでは、記事ページに配置された広告の枠から、種類にもよりますが、だいたい1PVあたり0・2〜0・3円くらいの広告収入が入ります。また、PVが高いメディアは価値のあるメディアとされ、1記事あたり数十万〜数百万円の広告も取れるようになります。

私は当時、人手不足から、営業やウェブ・マーケティングなどをするなんでも屋でした。特に、編集長になってからは、経営陣から現場に降りてくる売上目標を達成するために、いかにPVを上げるかに悪戦苦闘していました。そのため、デザインやプログラミングだけでなく、次第にビジネスマナーや、ライフハックといった内容にも手を出すようになっていました。

なぜかというと、特定の分野のキーワードというのは、数に限りがあるため、どこかでPVを取り尽くしてしまうものだからです。つまり、一つの分野で取れるPVには、上限があるのです。そのような中でPVを上げようとすれば、横に広げていくしかないわけです。しかし、そうすると自分たちでもよくわかっていない情報を扱うことになり、正確性が損なわれます。

私が関わっていたメディアでも、専門外の情報を扱うと、その分野の専門家から、記事の誤りの指摘がよくきたものです。それを思い返すたびに、ゾッとします。もしかしたら、WELQは私だったかもしれない、と。

よくわかっていない情報は、そもそも扱ってはいけないのです。

WELQ運営に課せられた「無理難題」

医療という命に関わる分野で、いい加減な運営をすることは許されないと、私は今でも思います。それでも、WELQに関わっていた人たちも、必死だったのでしょう。

WELQを含むディー・エヌ・エーのメディアにおいては「2018年3月までにMERYを除く9サイト合計で、『1000万DAU及び四半期あたり10億円の営業利益』（DAUは1日あたりの訪問者）という目標が、経営陣から設定されていたことが、2017年3月に発表された第三者委員会の報告書で明らかになっています。

単純計算で、1メディアあたり1日100万人、1カ月で3000万人の訪問者を集めなければならなかったのです。これは訪問者数なので、PVに換算すると、目標はさらに数倍以上に膨れ上がるでしょう。なりふり構わず運営せざるを得なくなった背景が、このことからも読み取れます。

この報告書には、守安社長から、SNSからの流入は数字（PV）が安定しないので、検索結果からの流入を指標とするようにという指示があったことも記されています。

広告収入モデルで運営されるネットメディアは、PVが売り上げに直結することがほとんどです。1PVあたり0・2〜0・3円とすると、100万PVで20万〜30万円、1000万PVなら200万〜300万円になります。

他に、記事広告の売り上げもありますが、こちらもPVがある（＝影響力のあるメディアである）ことが重要です。例えば、私がネットメディアを運営していた頃、1PVあたり50円が記事広告の相場だといわれていました。1万PVを目標に記事を作成する契約をして、50万円で広告を販売する、ということです。

メディアの売上を左右するPVを予測するには、守安社長のいうように、検索からの流入をコントロールしていくこと、つまり、SEOが重要となります。

このようなやり方の利点は、いわゆるチャリンチャリンビジネスであるところです。一度記事を作ってしまえば、放っておいても検索エンジン経由でアクセスが増え続けます。簡単に説明すると、月に10万回検索されるキーワードで1位を取ってしまえば、毎月約10万PVを獲得できるということです。

ここで、例えば「6カ月後までに500万円の売り上げ増」を経営層から求められたとしましょう。この場合、記事広告を売るか、PVを増やすか、あるいはその両方をしなければなりません。

仮に、制作の都合で、1本50万円の記事広告はこの期間に6本しか制作できないとします。PVを増やすことで残り200万円の売り上げを達成するためには、1PVあたり0・2円だとして、1000万PV分のアクセスを増やさなければなりません。SNSでバズれば（話題になれば）アクセスは増えますが、当たり外れが大きく、目標が未達になるリスクがあります。

一方、SEOに注力して「月10万回検索されるキーワードについて、半年で100本の記事を作り、すべて1位を取る」なら、当時はある程度、簡単にコントロールできてしまったのです。本数が増えれば増えるほど、予測の確度も高くなります。

ＷＥＬＱはいうなれば、一般的なＳＥＯを、豊富な投資資金を背景に、極端なペースで実現しようとした例、ということになります。

私が時々思うのは、ＷＥＬＱは医療情報を一変させる、成功事例にもなり得たということです。というのも、一時期、健康・医療関連のキーワードの検索結果を独占しつつあったディー・エヌ・エーの組織力・資金力は、他ではなかなか真似できないものだからです。もっと、健全な方向へ舵を取ることができていれば……。それが、非常に残念でもあります。

人生を変えたＷＥＬＱ問題

ＷＥＬＱの問題について、私は一つだけ、良かったと思っていることがあります。それは、この問題を苦にして命を絶つ人が——私の知り得る範囲ではありますが——いなかったことです。こういっても大げさでないくらい、健康・医療情報メディアＷＥＬＱを運営していたディー・エヌ・エーへのバッシングは、苛烈を極めました。同社がＷＥＬＱを含む10のメディアを閉鎖した後、この事業に関わっていた200人以上の同社社員は転職や転属を余儀なくされています。

もちろん、メディアの運営企業がその責任を問われるのは当然のことです。南場会長も、WELQの中身を見ていなかったことについて、日経ビジネスオンラインの2017年10月11日付の記事「『挑戦を諦めない』DeNA南場会長の反省と覚悟 キュレーション撤退、亡き夫への思い」で「万死に値する」と反省の弁を述べています。

> 本当に万死に値するような話で、私の立場でいってはいけないことなんですけれども、あまりWELQの中身を見ていなかったというのが正直なところです。会見の準備もせず、憔悴しきっていたがゆえに本音が出てしまいました。リーダーとして失格ですね。大問題です。

ただし、ディー・エヌ・エーへのバッシングの中には、ほとんど誹謗・中傷に近いものも多数見られたことは、書き残しておかなければならないでしょう。いわゆる炎上の対象となり、叩いていいものという雰囲気になった同社を取り巻く状況は、さながらネットリンチのようでした。

当時、私はそれを、忸怩たる思いで眺めていました。というのも、私にできたことは、最初に記事の形で指摘することだけ。問題が問題として大きく取り扱われるようになったのは、後に私が入社することになるバズフィード・ジャパンのスクープがあったからでした。このスクープがきっかけになり、多くの報道機関がＷＥＬＱ問題を取材、報道しています。

私自身も、共同通信や週刊文春、毎日放送などから、この問題の口火を切ったライターとして取材を受けました。しかし、私が同時に感じていたのは、力不足でした。報道の経験がない私は、ＷＥＬＱが問題だという指摘はできても、内部情報を入手し、つまびらかにすることは、できなかったからです。

私は南場会長と守安社長の謝罪会見を、忸怩たる思いを抱えながら、中継で眺めていました。ＷＥＬＱ問題をきっかけに知り合った報道記者の何人かは、「どうして会見に行かないの」と声をかけてくれましたが、そもそも、どうやったら会見場に入れるのかさえ、当時の私には、わからなかったのです。

私はＷＥＬＱに対して覚悟を求めました。しかし、もし一連の報道を苦にした関係者が命を絶っていたら……。私はその責任を取る覚悟ができていませんでした。そもそも、自分が口火を切ったことが、ここまで大きな問題になることさえ、予想がついていなかったのです。

その自己矛盾を解消するために、私はバズフィード・ジャパンに入社することを決めました。

当時、私は業界内で信頼の厚い編集プロダクションに所属し、医療とは関係のない仕事をしていました。大企業の経営者や、著名な音楽アーティストの取材を担当させてもらうなど、正直いって、何不自由なく、順調なキャリアを歩んでいました。お世話になった方々への恩返しもままならないまま、またゼロからキャリアをやり直すことは、怖くもありました。しかし、自分が誰かの人生を変えてしまったことと向き合わないまま生きることはできないと、私は考えたのです。

今は誰でも情報発信ができる時代です。しかし、情報というのは、誰かの命を簡単に奪ってしまうことさえあります。「お前のいうことを信じて大事な人が死んだ」と詰め寄られる自分の姿を想像してみてください。「責任は取らないと書いてある」と開き直れるでしょうか。

私がヤフーニュースの記事で指摘したことを、繰り返しておきます。

＝１ＰＶはただの数字ではなく、１人の命と同義です。＝

そのことをもう一度胸に刻み、医療記者としての私の活動がスタートしました。私もまた、ＷＥＬＱ問題によって人生が変わったうちの一人だったのです。

ＷＥＬＱのほうが、まだましだった!?

本当の戦いはＷＥＬＱの後

ＷＥＬＱ問題のさなかから、私がいい続けていたことがあります。それがＷＥＬＱ後への備えです。

あれほどまでに世間の注目を大きく集めた以上、ＷＥＬＱが縮小ないし閉鎖されることは、目に見えていました。また、ＷＥＬＱが検索結果を独占する以前、ネットの医療情報が信頼できたかといえば、そうではありません。だからこそ、大事なのは繰り返さないことだと、私は思ったのです。

しかし、ＷＥＬＱ問題の議論は本質的な方向ではなく、ディー・エヌ・エーへのバッシングに終止してしまいました。あるいは、「ネット上の情報の信頼性の問題」として矮小化され、既存メディアの問題を含めた議論へとは発展していきませんでした。

火付け役として祭り上げられながら、このような流れを食い止められなかった――私は今でも自分の無力を悔やんでいます。

そして、WELQ閉鎖から半年後、恐れていたことが起きてしまいました。質の低い医療情報が、ネット上に大量に、しかも、検索結果の上位に残り続けていることが、専門家の分析で明らかになったのです。ここから、私のWELQ後の戦いが始まりました。

WELQ的な手法の台頭

WELQ閉鎖から約半年後、SEOの専門家である辻正浩氏は、2017年5月24日付の自身のブログの記事「WELQ退場から半年。事件は医療・健康系検索結果をどう変えたか？」で、半年間の医療情報の検索結果の推移をまとめ、「WELQが（残って［著者注］）いた方がまだ良かったのでは？」と述べています。

辻氏はWELQ問題が起こる以前からツイッターなどでWELQの運営手法について言及していました。私も、WELQのSEO上の問題点は、辻氏の助けを借りて指摘しています。バズフィード・ジャパンを含む報道各社も、ＷＥＬＱ問題について信頼できる発信者である同氏を度々、取材していました。

５月24日時点で、辻氏は私の取材に対して「グーグルが検索アルゴリズムの改善をした」ものの、「ＷＥＬＱ同様の手法で記事を大量生産するウェブサイトが、今も検索結果の上位に表示されている」状況を説明しました。一方、大学や公的機関のウェブサイトは、この半年で順位が下がっていました。

辻氏のデータからは、ＷＥＬＱのようなＳＥＯ手法が有効であることが浮かび上がったのです。

辻氏が分析したのは「お腹が痛い」「だるい」などの「健康関連の悩み」４８８キーワードと「胃がん」「白血病」などの「病名」３９９キーワード。まとめサイトと辞書サイトを除くと、「健康関連の悩み」「病名」の両方で、リッチメディアが運営するヘルスケア大学が検索上位につけていることがわかったのです。

このネットメディアは、ＷＥＬＱと同じように、網羅的な内容の記事を短期間で大量に投稿するというＳＥＯをしていました。しかし、医療情報を大量生産すれば質が下がるのは、ＷＥＬＱ騒動の教訓だったはずです。このような運営体制で、記事の質を保つことができるのか――私は、ＷＥＬＱ後の初戦として、このネットメディアについて調査を始めました。

ヘルスケア大学「参画」のカラクリ

やはりというべきか、ヘルスケア大学については、情報に誤りが含まれていることや、運営体制の不備を指摘する声が、ツイッターやブログを中心に複数の専門家から上がっていました。同社は２０１７年5月8日付で、記事に誤りが含まれていたことを認めていました。

違和感があったのが、ヘルスケア大学が、多数の医師の「参画」を謳っていた点です。5月29日18時の時点では、ヘルスケア大学には「５１５５人の医師が参画する」とされていました。多数の医師が関わっているといわれれば、信頼できるように感じます。ＷＥＬＱ後、ネットの医療情報への関心が集まる中ではなおさらです。

多数の医師が参画しているのにもかかわらず、修正が必要な記事が公開されたのはなぜなのでしょうか。私は複数の医師や医療機関を取材し、参画の実態について証言を得ました。これが、私にとってバズフィード・ジャパン入社後、初めてのスクープとなりました。なんと、医師らは知らないうちに「参画」させられていたというのです。

例えば、国立病院機構埼玉病院では、約120人の医師の名前が、参画医師としてヘルスケア大学に掲載されていました。しかし、医師らの中には自分がヘルスケア大学に参画していることを知らない人もいました。運営元のリッチメディアは、参画の定義を「記事を監修していただくことに了解をしていただいた医師」と説明していました。了解したのに、参画の事実を知らない医師がいる。この点を指摘したところ、同病院の広報担当者は、経緯をこう説明しました。

過去に病院幹部の一人がインタビュー取材を受けた際に、ヘルスケア大学の担当者が口頭で「病院所属の全医師名の掲載」を申し入れ、その幹部がそれを了承したようです。

しかし、このことは医師らには知らされていませんでした。自分たちの名前がヘルスケア大学に掲載されていることを医師らが知ったのは偶然。ある医師が自分の名前が掲載されていることに驚き、病院側に確認して発覚したのでした。同広報担当者は「今も、自分の名前が掲載されていることを知らない医師がいる可能性がある」といいます。

都内にある別の大学病院は、所属する医師300人以上の情報を削除するようにヘルスケア大学に申し入れていました。医師の情報が掲載された経緯は、埼玉病院とよく似ています。病院幹部へのインタビュー取材の交渉中に、メールで医師情報掲載などについての依頼が届き、病院幹部が了承したのです。

このケースでも、医師らにヘルスケア大学に名前が掲載されることは共有されていませんでした。埼玉病院同様、自分の名前が掲載されていることを不審に思った医師が病院側に相談したことで、発覚。ある医師は、私の取材に対して「信頼性が疑われているサイトに自分の名前があるのは、気分のいいものではない」と回答しています。

運営元のリッチメディアは「弊社規約上では医師個人についての承諾だけでなく、病院

（法人）単位での承諾をいただく内容になっております」とし、この方法でも「医師らと信頼関係を築けると考えている」と回答しました。そもそも、自分の名前が掲載されていることも知らない人がいるのに、です。

印象的だったのは、取材が進むにつれ、この参画医師数が急激に減りだしたこと。5月31日15時時点でトップページに記載されていた「５０１１名の医師が参画するヘルスケア情報サイト」という文言は、６月１日17時には「４６０４名の医師が参画」に、さらに半年後の２０１８年１月になると、参画医師数は１４２６人まで落ち込んでいます。

同社は他にも、９月29日までに６００以上の記事を削除または非公開にしていました。この削除や非公開にあたり、特に利用者への説明などはありません。どんな理由で削除または非公開にしたのか、私が取材を申し込んでも、回答は拒否されてしまいました。代わりに、私の取材申し込みの直後に、公式サイトで別の発表をしています。

９月29日付で同社から発表されたのは、「サイトの信頼性の回復と向上」を目標に発足した「医療・健康情報の信頼性向上プロジェクト」の報告書でした。

この報告書には、今後の対応について次のように説明されています。

今後、「新・医療サイト」を立ち上げ、「医学的エビデンスや専門家の見解に基づいた」情報発信をする。

ヘルスケア大学などの既存のコンテンツについてはスタッフによる「目視確認」をおこなう。

3～6カ月に一度、200本程度をランダムにチェックする他、注目度の高いトピックス（話題）を随時チェックする。


しかし、2018年2月現在、この「新・医療サイト」はまだ、立ち上がる気配もありません。

「医師監修」の実態とは？

ヘルスケア大学には、「参画」だけでなく、実際に記事を「監修」した医師がいたことが確認されています。

WELQ問題以降、医師監修は健康系メディアのトレンドとなっています。医療情報の扱いが難しいことは繰り返し述べてきたとおりですが、実際のところ、医師監修は機能しているのでしょうか。

私は、ヘルスケア大学で実際に約100本の記事を監修した経験のあるA医師に接触、医師監修の実態についての証言を得ました。

A医師が記事を監修するように依頼されたのは、2015年。ヘルスケア大学立ち上げ当初、前身のスキンケア大学を運営していたリッチメディアの関係者から「新しいメディアを立ち上げる」ということで声をかけられたそうです。以来、2017年3月くらいまでに約100本の記事の監修を担当していましたが、以降はしていません。

なぜ、監修をしなくなったのか。A医師はその主な理由を「記事の質がガクンと落ちたから」と説明します。

立ち上げ当初から2016年の頭くらいまでは、良質な記事も多かったんです。「ほとんど修正なし」と伝えた記事もありました。しかし、それ以降は、文章として読むに耐えないものが送られてくることもありました。また、もともとは自分の専門領域のみ依頼されていましたが、それ以外の依頼も来るようになりました。

A医師は、「この頃からクラウドソーシングで作成された記事が自分の元に届くようになったのではないか」と疑っています。同じ言葉を繰り返し使ったり、やけに冗長な文章になったりと、文字数稼ぎを露骨に感じるようになったといいます。ヘルスケア大学がクラウドソーシングを利用していたことは、私の取材でも判明していることです。

また、2017年に入り「特にその傾向が顕著になった」といいます。「日本語になっていない」と怒ったこともあるそうですが、謝罪などはなく、一度に送られてくる本数も4～5本から15本ほどに増えました。それでも、「引き受けた以上は」と思い監修を続けていたA医師ですが、物理的に時間を確保するのが難しくなり、監修をやめてしまいました。

実際に監修をしてみて実感する問題点として、A医師は、運営者が医療情報の取り扱いを軽視していた可能性を指摘します。

当初は、2～3カ月に1回、4～5本の依頼がきていました（注：記事は後に編集部で複数に分割されるため、A医師の感覚と公開本数は必ずしも一致しません）。A医師はこれらを「数日以内で戻してほしい」といわれたそうです。通常の仕事の合間に監修をしているため、A医師は「それは難しい」と伝えたものの、「半ば意地になり、それでも1週間～10日くらいでは戻していた」といいます。記事の出し戻しも、始めの頃は2回以上あったものが、途中からは1回になったそうです。

立ち上げ当初から、物足りなかったり、ピントがズレていたりする記事があったようです。例えばそれは、「参考文献が20年前のもの」や、「医師ではなく看護師向けの入門書の簡略化された説明を基にしているもの」などです。他にも「本来は複雑な病気というものを単純化しすぎる傾向もあった」とA医師は指摘します。例えば、「〇〇（病気）を防ぐにはこれを食べろ」「こういう性格の人が○○になりやすい」といった、ネットでよく見かける情報です。

そもそも、ソース（情報源）の信頼度を判断できないライターさんも多かったように思います。出典をつけるのはいいのですが、ガイドラインや厚労省のサイトではなく、それらを参考にした製薬会社のサイトを参考にしていることもありました。いわゆる孫引きのような形です。

最後に私は、答えにくい質問をあえて投げかけました。「しかし、読者からすれば、A医師もまたヘルスケア大学の『参画』『監修』医師であり、他の医師が適当に監修をしている可能性のある同サイトに、加担しているように見えるのでは――」

これに対してA医師は、表情に苦しさを浮かべながら、こんなふうにいいました。

読者の方には申し訳ないですが、その点は正直、諦めてしまっていました。時間的にも専門分野的にも、他の医師の監修記事をすべてチェックして、クレームを入れるというのは困難なので……。ネットの情報はあくまで参考程度にして、鵜呑みにせず、わからないことは主治医に聞くのがいいと、私は思っています。

国民的辞典「広辞苑」のチェック体制

私が別の機会に取材した国民的辞典『広辞苑』では、医学分野の用語について、特別な注意を払っているということでした。約10年ぶりに改訂され、2018年1月12日に発売された広辞苑の第七版では、医学・生命科学分野に特に注力しているといいます。

累計1000万部超の国民的辞典は、どのようにして信頼性を担保しているのでしょうか。医学・生命科学分野を担当した岩波書店の猿山直美氏は、広辞苑の編集が「ドリームチーム」制であることを明かします。改訂作業を始める時期になると、社内のさまざまな部署から年代別、専門別に編集者が集められ、チームが立ち上がるのです。

猿山氏は、それまで自然科学書の編集部に所属し、単行本や雑誌を担当してきました。過去に『岩波理化学辞典』『生物の小事典』『化学の小事典』を担当するなど、この分野には知見があります。しかし、そんな猿山氏でも、今回、初めて携わる広辞苑の編集は簡単ではなかったといい、経験の長い編集者に「叱られてばかりで」と笑います。

猿山氏は、医療用語の編集作業が簡単ではない理由に「さまざまな読者の方がいるため、（医療の）基礎知識やバックグラウンドがあるとは限らない」ことを挙げます。難しい医療用語を、基礎知識やバックグラウンドのない読者にもわかりやすくするためには、「かみくだく」ことをしなければなりません。しかし、新型たばこのところで前述したように、「かみくだく」ほど、言葉の持つ正確性は失われてしまいます。

「お医者さんは『頻回』という言葉を説明の中でよく使われるのですが、これをより一般的な『頻繁』にいい換えられないのか、と聞くと、やはりニュアンスが違うとおっしゃられるのですね」と、猿山氏。

例えば医師は「頻回のくしゃみ」のように、回数が多いことを指して「頻回」と使います。これを「頻繁なくしゃみ」とすると、頻度が高いことになり、意味が変わってしまうのです。結果、今回の改訂では「頻回」という言葉を説明に使いつつ、辞典の新しい項目として「頻回」を立てることになったそうです。

医学分野の用語の校閲・執筆に関わる専門家は、医師や生命科学の研究者ら10人以上。岩波書店と付き合いのある著者や、その紹介で集まったメンバーです。専門家が書いた原稿を、猿山氏のような編集者が一般の感覚とすり合わせながら調整していきます。他の分野の用語でも、4~5回の出し戻しは当たり前だそうですが、医学・生命科学分野ではさらに、わかりにくい言葉や、誤解されてしまいそうな言葉についての相談を、何度もすることがあるといいます。

「医学分野の用語はダントツで、やり取りの回数が多い」と猿山氏。しかし、正確性を失わないようにするためには、必要なことなのです。

わかりやすい説明を心がけていますが、ここまでかみくだいていいのか、という迷いは常にあります。しかし、読者の方は正しい情報を求めて、広辞苑を引いてくださるのでしょう。「わかりやすい」と「正しい」ことを両立させるためには、やはり、専門家の方々とのやり取りを増やし、磨いていくことが重要だと思います。

本来はここまでするべき、ここまでしても完ぺきではない健康・医療情報の「監修」。ヘルスケア大学のような手法には、無理があったといわざるを得ません。

グーグルのジレンマ

ウソや不正確な情報であっても検索上位に表示されてしまうことがある。このことを疑問に思う人もいるはずです。「そもそもなぜ、グーグルなどの検索エンジンは、このようなネットメディアやウェブサイトの記事を、検索結果の上位に表示してしまうのだろうか」、と。

別の見方をすると、大学や公的機関のウェブサイトを、検索エンジンはあまり評価していないということにもなります。とびきりの頭脳が集まって作られているはずのものが、どうしてこうも簡単に攻略されてしまうのでしょうか。

実はこれは、決してグーグルなど検索エンジン側だけの問題ではありません。皮肉にも、検索エンジンは、利用者である私たちの要望を反映しているからです。

グーグルは２０１７年４月に、公式の場で「ユーザー（利用者）の行動が検索結果に反映される」ことを認めました。これはつまり、「記事に何が書かれているか」だけではなく、ユーザーがサイトを訪れ、「どれくらい時間をかけて読んだか」などの指標が、検索結果を決める一因になる、ということです。

WELQが量産したような8000文字の記事は、当然、読むのに時間がかかります。サイトに長く滞在することがイコールいいサイトであると判断されるわけなので、こういった長時間閲覧させるための攻略の手口が生まれてきます。

これには、深刻な問題が伴います。それは、法律や倫理の面で問題があるサイトであっても、検索上位に登場し得るということです。例えば、違法に動画を配信するウェブサイトを利用者が熱心に閲覧したとします。利用者にとってみれば、無料で最新の動画が閲覧できるウェブサイトは、便利でしょう。

さて、検索エンジンはこのウェブサイトを、どう評価するでしょうか。そう、法律や倫理の問題はアルゴリズムで自動的には解決できないので、グーグルはこのようなウェブサイトを「満足度が高い」と判断して、検索順位を上げてしまうのです。

逆に、どれだけ信頼性が高くても、閲覧しにくいウェブサイトであれば、掲載順位は落ちてしまうことになります。

思い出してみてください。大学や公的機関のウェブサイトというのは、往々にして文字が小さかったり、装飾に乏しかったりして、読みにくいものが多いですよね（もちろんこれには、非営利のウェブサイトほど、営利目的のサイトと比較して工夫を凝らしにくく、誠実に正しい情報を伝えようとすればするほど、地味にならざるを得ないという悩ましい問題があるのですが）。

検索エンジンが利用者のためを思って利用者の行動を指標としたことで、かえって、望ましくないサイトの検索順位が上がってしまうというのが、グーグルの抱えるジレンマです。

違法に動画を配信するなど、問題であることが明らかなウェブサイトであれば、検索エンジンに通報し、検索結果から消すことができます。

しかし、医療情報に多く見られる、誤りを含む情報や、倫理の問題がある違法ではないが有害な情報は、かえって対策しにくいものとなっています。

WELQ後のいたちごっこ

「がん治療は、代替医療が世界の主流」という名前のウェブサイトがありました。WELQ後の半年で、がんに関する検索結果において、じわじわと順位を伸ばしていたウェブサイトです。2017年5月21日時点でこのウェブサイトは「大腸がん 末期」「胃がん 末期」「乳がん 末期」などの検索で1位を維持していました。

WELQ後の問題を指摘したSEOの専門家である辻氏は、「『末期』『ステージ4』などを含んだ検索や、癌の病名で上位表示されるように、SEOをしている」のだといいます。このウェブサイトは、がんの標準治療を否定し、その代わりとしてある特定の漢方薬を紹介。そして複数の「末期がんが治った」事例を掲載していました。その商品1カ月分の価格は15万~20万円と高額です。

私は、さっそくこのウェブサイトを調査することにしました。このウェブサイトが謳う「がん治療は、代替医療が世界の主流」は、もちろん事実ではありません。がん治療と漢方に詳しい芝大門いまづクリニック院長の今津嘉宏医師は、私の取材に対して、このウェブサイトに記載されていることは、「事実と大きく異なる」と断言します。

そもそも、まともなウェブサイトであれば「末期がんが治る」などと断言することはありません。免疫細胞療法のときに説明したように、医療に１００％はないのです。しかし、末期のがん患者が知りたいのは「治る」と断言してくれる情報です。なんとか末期がんを治したくて、「末期がんが治る」と謳う情報を探し、熱心に閲覧することになります。

すると、残念なことに、それが医学的にはウソであっても、グーグルには読者を満足させる質の高いサイトと評価されてしまうのです。

もしそうであれば、「信頼できるサイトの順位だけを上げればいいのではないか」と考える方もいるでしょう。実際、公的なサイトの順位を上げるような調整が、過去に実施されたこともあります。しかし、このようなサイトは概して個別の情報が少なく、「千代田区 耳鼻科」や「6カ月 赤ちゃん 吐いた 38℃」など、細かなキーワードを盛り込んだときには結局、関連性の低い情報が表示されるなど、利用者のニーズを満たすことができません。そのため、このような調整は取りやめになったそうです。

もともと、グーグルは健康・医療を始めとする、財産や生命に関わる「ＹＭＹＬ（Your Money or Your Life)」領域では、特に信頼性と専門性を重視すると表明していました。しかし、信頼性を重視しすぎると有益な情報が表示されなくなり、利用者の要望を重視しすぎると問題のある情報が表示されるジレンマからは、抜け出せていません。

WELQ後、上位に表示されているのは「末期がんにも効くと謳う高価な漢方を販売するサイト」。だから辻氏は「WELQが（残って［著者注］）いた方がまだ良かったのでは？」と述べたそうです。たしかに、この時点では、ネットの医療情報が健全であるとはとてもいえませんでした。

また、WELQ問題を未然に防ぐことができなかったことから、日本ではグーグルへの批判も多く見られました。

ところが、さらに半年後、事態は突然、誰もが驚くほど大きく動いたのです。

ネットに革命が起きた日

2017年の12月6日は、ネットに信頼できる医療情報を望む人にとって、歴史的な日になりました。

その日、グーグルはついに、ＷＥＬＱのような手法で健康・医療情報を大量生産するメディアに、大幅な制裁を下したのです。

グーグルは12月6日、医療や健康に関する検索結果の改善を目的としたアップデートを実施した、と発表しました。その結果、これまで問題になっていたネットメディアの記事の多くが、検索結果の上位から姿を消したのです。この結果は劇的で、例えば前述のヘルスケア大学は、ほとんどのキーワードで利用者の目に入る範囲外に落ちました。

実は、グーグルも、ずっと指をくわえていたわけではありません。ＷＥＬＱ後、細かな調整をしていることが専門家らによって観測されており、夏にはすでに今回のアップデートをにおわしていました。8月25日に開催されたイベント「Google Dance Tokyo 2017」の質疑応答では、次のようなコメントがあったことを、複数の関係者が証言しています。

多くの人から指摘があることはグーグルでも把握しており、（健康・医療分野の）優先度を高くしている。詳細はここでは明らかにできないが、期待していてほしい。

それから約3カ月後に実施されたアップデートは、専門家の期待を大きく超えるもの。前出の辻氏は「今回の変更は前代未聞」と表現します。

今回の変更は、WELQ後に実施された健康・医療分野の改善としては、最大でした。(この分野の)検索順位の変動として前代未聞のものだったともいえます。

他に、「NAVERまとめ」や「ヤフー知恵袋」などのUGM(誰でもコンテンツを作れるメディア)も順位が急落している、と辻氏。これらのサイトも、健康・医療情報を専門家以外が扱うことがあり、ウソや不正確な情報が含まれていることが指摘されていました。

現時点(2018年2月)では、今回のアップデートが実施されたのは日本のみです。WELQ問題以降、日本で高まっていたネットの健康・医療情報への不信感を払拭するための、独自の対応であることがうかがえます。

辻氏は、今回のアップデートを「(現時点の情報からすると)すばらしい改善」と評価します。

今回、健康・医療情報を求める検索に対して、多くのページが検索順位を落とされました。非常に厳しい判定基準ですが、日本のネットの状況を鑑みれば、仕方のないことだと私は考えます。日本のネット上には、あまりに問題あるサイトが増えてしまいました。WELQのような手法は今後、許されないということを示したのでしょう。

ただし、「今回のアップデートですべてが解決されたわけではない」ともいいます。例えば、3単語以上のキーワードを入力するなどのニッチな検索の中には、今回の改善が影響していないものも見られるそうです。また、「ダイエット」や「育毛」など、健康に関連してはいるものの、現時点では大きな変化が発生していないジャンルもあるといいます。

とはいえ、今回断固たる対応をおこなったことから考えると、今後も続く改善で同様の動きになる可能性は高いでしょう。

グーグルは、今回の変更により「医療従事者や専門家、医療機関等から提供されるような、より信頼性が高く有益な情報が上位に表示されやすく」なると表現しています。実際に、大学や公的機関のページが上位に表示され、非専門家の運営するページの順位は落ちています。

もちろん、ネットには悪い医療情報サイトばかりがあるわけではありません。私見ではありますが、信頼に足ると感じていたいくつかのサイトも、今回のアップデートで大きく検索順位を落としているケースが散見されます。信頼に足るサイトまで落ちてしまう、というのはたしかに問題です。

ただし、このような状況が今後、解消されるのか、それともこのままなのかは、「わからない」と辻氏。問題あるサイトへの対策を大規模におこなううえで、巻き込まれて落ちてしまうサイトが出るというのは「ある程度は仕方がないこと」としています。

ネット利用者の要望を重視しすぎると信頼性の低い情報が表示され、信頼性を重視しすぎるとネット利用者のほしい情報が表示できないというジレンマが存在する以上、たしかに、完ぺきというのは難しそうです。

グーグルからの異例の呼びかけ

今回の発表では、異例ともいえることに、グーグルから情報発信をする医療関係者に向けて、次のように呼びかけがありました。

> 一般のユーザーに向けたウェブでの情報発信に携わる機会がありましたら、コンテンツを作る際に、ぜひ、このような一般ユーザーの検索クエリや訪問も考慮に入れてください。ページ内に専門用語が多用されていたら、一般ユーザーが検索でページを見つけることは難しくなるでしょう。内容も分かりづらいかもしれません。

つまり、すでにネット上には多数の「信頼できる医療・健康関連のキーワードについてのコンテンツ」があるが、それは専門用語が多く、一般のネット利用者が検索で使う日常的な言葉ではヒットしにくいということです。いくら信頼できる情報でも、一般のネット利用者が検索する言葉で見つからなければ、役に立ちません。

そのため、グーグルは医療関係者に対して、わかりやすい言葉で情報発信をするようにと求めたのです。いくらグーグルでも、グーグルだけの力では、検索結果を良くすることはできません。その利用者と協力して自浄作用を働かせていくというのは、非常にネットらしい一手だといえるでしょう。

辻氏はいいます。

今、ボールは健康・医療情報の提供者側に投げられました。多数の一般サイトが退場させられた結果、検索結果が貧相になっている部分は明らかに見られます。つまり今は、専門家の発信する情報を重視したものの、専門家が情報を十分に発信していないため、中身がない状態、ともいえるのです。

今回、大幅に順位を上昇させたのは、大手報道機関や大学・公的機関、製薬会社、医療機関のサイトなどです。

そこから情報発信がなされること、また、そのようなサイトはウソや不正確な情報を発信しても上位に表示されやすいので、その内容をチェックすることが必要でしょう。

辻氏は、ＷＥＬＱ問題からの一連の流れから「私たちの声はグーグルに届く」と強調します。

ＷＥＬＱ問題を契機に、ネット上にはこのようなサイトへの問題意識が生まれ、自浄作用が働きつつあります。しかし、検索エンジンというのは、どれだけ改善されても完ぺきにはなることは絶対にあり得ません。引き続き、みなさんの継続的な監視と警告が必要です。

個人の発した声が、自浄作用につながった

ＷＥＬＱ問題を振り返ってみると、辻氏や私のような個人が発した声を、バズフィード・ジャパンのようなネットの報道機関が拾い、話題となったことで新聞やテレビなどの既存メディアでも取り上げられ、政治家や都が動いてＷＥＬＱ閉鎖に至った、という一連の流れが見えてきます。

ＷＥＬＱ後はどうでしょうか。グーグルの対応は迅速とはいえませんでしたが、私がバズフィード・ジャパンで継続的に報道して、ネットで話題になっていたことは、少なからずグーグルに届いていたことがうかがえます。このようなＷＥＬＱ問題、ＷＥＬＱ後の事例からは、ある示唆が得られます。

辻氏の指摘する「監視と警告」を実現できるのは、やはり、ネットならではだといえそうだということです。というのも、個人がマスメディアや政治家、都、大企業に意見をいうことは、現実世界ではなかなか難しいことです。しかし、「フラットである」ことが最大の特徴であるネット空間では、たとえアメリカ大統領に対してであっても、ツイッター

などで直接、呼びかけることができるのです。
つまり、ネットは現実世界よりも、自浄作用が働きやすいということができます。
一方で、他のメディアの健康・医療情報は今、どうなっているのでしょうか。

変われない既存メディア

問われたのは、ネットメディアの信頼性？

ＷＥＬＱ問題が新聞やテレビなどの既存のメディアで報じられるときに、私には気がかりなことがありました。それは、この問題をネットの弊害として、あまつさえ「自分たちにはこんなことは起こり得ない」とでもいいたげに、既存メディアがこの問題を扱っていたことです。

例えば、2016年12月2日付の日経新聞デジタル版の記事「DeNA、9情報サイト休止　検索上位狙い編集歪む」には、このような記載があります。

情報が氾濫する現在、まとめサイトの人気は高い。しかし、情報を提供するには、多大な労力と細心の注意を払って内容を精査する作業が欠かせない。DeNAの不祥事は、ネットメディア全体の信頼性を揺るがすことにもなりかねない。

たしかに、検索エンジンのジレンマはネット特有の問題です。しかし、問題を最初に指摘したのは誰だったでしょうか。マニュアルの存在のスクープは、どこのメディアによるものだったのでしょうか。それは既存メディアに属さない個人としての私であり、ネットメディアであるバズフィード・ジャパンであり、ネットの中の人たちでした。これはまさに、ネットメディアによる自浄作用ではありませんか。

そもそも、ネットメディアというのは不思議な言葉だな、と私は思います。新聞やテレビも今、ヤフーニュースに記事や番組を配信しています。ツイッターを積極的に活用しています。そうであるなら、新聞やテレビもネットメディアです。

ネットはすでに生活の大きな一部であり、切り離すことはできません。前述の日経新聞デジタル版の記事についていえば、ネットに記事を掲載していながら、ネットメディアの信頼性を問うというのは、なんだか立ち位置がよくわかりません。第一章で指摘したように、メディア全体が信用されなくなりつつある中で、ネットとそれ以外を区別しようとすることは、私には現実逃避のように思えてしまうのです。

既存メディアの医療情報にも、問題はたくさんあります。いくつか実例を紹介しましょう。

まずは、新聞。2017年6月9日付の読売新聞のウェブ版には「自分が患者なら…医師の25%抗がん剤に消極的」というタイトルの記事が掲載されました。これは「胃がん患者になったと仮定した場合」の抗がん剤治療に対する考え方などについて、医療関係者を対象におこなったアンケート結果を報じたものです。

まず気になるのは、なぜ「75%は積極的」ではなく「25%は消極的」という情報を強調したのか、という点です。また、私が調査したところ、というより、本文を読めば、このアンケートの回答者には薬剤師が3割以上含まれていたことがわかります。それにもかかわらず、タイトルは「医師の25％」となっています。

このような強調や省略は、明らかに意外さや過激さを狙った、いわゆる「釣りタイトル」です。これだけ内容を大げさにしながら、記事では「医療関係者の本音が表れた形だ」とまとめられていました。この事例からも、紙だからとか、ネットだからとかではなく、その記事ごとの信頼性が問われていることがよくわかります。

そして、テレビ。2017年2月放送のNHK「ためしてガッテン」では、「睡眠薬の服用が糖尿病の治療や予防につながる」ような誤解を与えたとして批判を浴び、番組が公式に謝罪しています。同番組で紹介した研究は、「糖尿病患者で、かつ睡眠障害のある人」を対象に、睡眠薬を使って睡眠障害を改善する研究をした」ものでした。この研究からわかることを表現するなら、「睡眠障害が改善したら血糖値も改善した」というのが、正確です。しかし、同番組はこれを「睡眠薬で糖尿病の治療や予防ができる」と表現しました。これもまた、意外な情報、過激な情報を求めた結果といえるでしょう。

最後に、バズフィード・ジャパンで私が追いかけているテーマの一つ、「健康本」です。

健康本とは例えば、『目は1分でよくなる！』（自由国民社）、『なぜ《塩と水》だけであらゆる病気が癒え、若返るのか!?』（ヒカルランド）、『がんに勝つレシピ』（光文社）、『医者に頼らなくてもがんは消える』（ユサブル）など、書店やアマゾンに並ぶ、このようなタイトルの本のこと。

しかし、「すぐに」「ラクに」「だけで」など、簡単に健康になれるような方法はない、ということは、第一章でも説明したとおりです。それにもかかわらず、本というメディアでは、そんなタイトルの健康本がどんどん作られています。まさにウソや不正確な情報を発信する健康本について、出版業界の中の人は、どう思っているのでしょうか。疑問に思った私は、医療記者になった初めての夏、合計20人以上の書籍編集者やライターと会い、話を聞きました。

一連の取材から浮かび上がってきたのは、深刻な出版不況により売れるものを作るという経済合理性が加速した結果、本来大事にしなければならないはずの読者すら食い物にせざるを得ないという、出版業界の末期的な状況。暗澹たる気持ちで、２０１７年の夏が過ぎていったのです。

健康本なんて、9割ウソだから……

「健康本の制作をしたことがある人は、話を聞かせてほしい」――私がそうネットで呼びかけると、50代のベテランライターのAさんは、自ら私に連絡をくれました。健康本に関わったことを後悔しているのだといいます。Aさんは何冊か健康本を執筆した経験のある、理系ジャンルが専門のライターでした。

これまでに執筆した本を見せてもらうと、ある1冊は「ある食品が認知症に効く」と謳うものでした。著者はAさんではなく、とある医師。Aさんの名前は「編集協力」として本の奥付に入っていました。平たくいえば、Aさんはこの医師のゴーストライターです。

付き合いのある編集プロダクションから、「こんな仕事を受注しちゃったのですが、どうしたらいいでしょう」「Aさん、理系だからできるんじゃないですか」と、相談されたことが、Aさんが健康本を作るきっかけだったそうです。出版社と著者の医師から提供された資料を基に執筆を始めましたが、疑問を感じるところもあったといいます。

「著者はもともと、認知症治療の権威とされる医師だったのですが、近年、主張する内容がどんどん極端になっていきました」。そして、Aさんが執筆した原稿も、出版社や著者の意向で「ある食品を摂取しさえすれば、劇的に認知症が改善する」と思わせるような表現に変更されてしまった、といいます。Aさんは単なる「文字書き屋さん」として扱われ、原稿がどう変更されたのかすらも、本が出るまでわからなかったそうです。

Aさん自身やAさんのご両親も、これまでに深刻な病気を経験していました。だからこそ、健康本については「売れるんだろうけど、やっちゃいけない一線もある」とAさん。

私の母も、健康本に書かれている健康法を、家で試していたりします。いたたまれないですよね。信じるな、といっても「本に書いてあることだから」と、頑なで。高齢者では特に、本という媒体への信頼感が強いんです。母には「そんなの9割ウソだから、作ってるのオレだから」といいたいです。

待遇も決して良いとはいえません。Aさんの元には「健康本を1冊作って10万円以下」という依頼がきたこともあります。そのときは、「アルバイトライターじゃないんだから」

と、断ったそうですが。

本を一冊作るのにかかる時間は、数カ月から1年以上にわたることもあります。その報酬が10万円では、とうてい生活はできないでしょう。

出版社サイドから、膨大な量の英語の医学論文を読んでほしいといわれたこともあるといいます。Aさんはこれを、情報の信頼性を高めようとする姿勢と受け取り、「この企画は信頼できるかもしれない」と感じたそうです。しかし、出版社からのサポートは一切なく、「仕方がないので、持ち出しで業者に翻訳を依頼した」のだそうです。


このような経験から、健康本については「著者だけでなく、出版社の責任も大きいのではないか」とAさんは思うようになりました。不況に陥った出版業界では、売れる編集者はスーパースターのような扱いです。セミナーやインタビューで明かされるヒットの秘訣に、多くの人が耳を傾けます。

Aさんは「こんな流れは、もう止めなきゃいけない」と、苦しげに漏らしました。しかし、それは簡単ではない、とも。

結局、ここにも経済合理性

なぜ、出版社は健康本を作るのでしょうか。総合出版社に勤務する30代男性の編集者Bさんは「もちろん人の役に立つ本を出したい、というのはある」が、「ベストセラーが期待される分野であり、基本的には売り上げのため」と説明します。

Bさん自身は健康本を担当したことはないものの、所属する出版社から多数出版されています。

もともと、売り上げが高い＝敏腕編集者というのは、やはり私たちの憧れです。特にビジネス書や実用書では、その傾向が顕著かもしれません。そのうえで、「健康本は売れる」というのは昔からわかっていたこと。週刊誌が「薬を飲んではいけない」などのシリーズで部数を伸ばした影響もあると思います。

出版不況といわれる時代になり、「新興の出版社やビジネス書・実用書の出版社だけでなく、老舗を含むあらゆる出版社」が「健康本に飛びつくようになった」とBさん。『みんなやってるじゃん』という感覚が、ハードルを下げている面もある」と指摘します。たとえ発信内容が眉唾だったり、賛否両論を引き起こしたりする著者でも、「○○から本を出して売れているなら、うちでもやっていいのでは」という言い訳が立つのです。

出版業界には、Bさんの言葉を借りれば「手に取られてナンボ、買われて読まれてナンボ」という文化があるそうです。だから「ありきたりなタイトルでは、書店に置かれても選ばれない」という発想になり、過激な本が続々出版されることになります。嫌中・嫌韓本などが作られているのは、まさにこの構図です。

このような傾向が出版業界全体にあり、それが医療分野にも適用されている、というのがBさんの分析です。ここにも、第一章で紹介した経済合理性がかいまみえます。

「表現の自由」ならなんでもあり？

一方で、編集者という職業に就くのは「一般的には学歴が高く、ある程度はリテラシーがある人」とBさん。本来は、「ウソや不正確な情報への嫌悪感が共有されていた」はずでした。

しかし、一部の専門出版社を除けば、ほとんどの編集者や校閲者は、その医師の主張がどれくらい妥当なのかを、専門性に基づいてきちんと判断することができません。

そのため、かなりの程度、著者の主張を反映することになります。医師が執筆・監修すれば、一定の信頼性を担保できるはず、というのが〝落とし所〟になっている。もちろん、医師も千差万別というのはわかります。でも、読者がそれを求める以上、健康本は作られ続けてしまうでしょう。

「その結果として、読者が命に関わるような損をしてしまった場合、出版社、編集者としては責任を感じないのでしょうか？」こう私が尋ねると、Bさんは「私自身は、責任が持てない本を作ろうとは思いません」と断りを入れたうえで、こう答えました。

もし『10分で東大に合格する方法』なら、それを信じ込み、結果、受からなかった人がいたとして、自己責任といわれてしまうのでは。同様に、健康本の医療批判を信じ込み、医師の元に行かずに亡くなられた人がいても、それがどこまで出版社や著者の問題かは、難しい。読んだうえで（読者が［著者注］）きちんと判断するべきでしょう、ということになる。

Bさんがこのように主張する理由は、「編集者として『表現の自由は守られるべきだ』と考えていることにある」といいます。

賛否両論を巻き起こすような本というのは、言論空間においては、あって然るべきだと思います。ある考え方に対するアンチテーゼみたいなものは、むしろ存在するほうが健全なのでは、とも。実際、医療や健康の常識というのも、移り変わっている面があるでしょう。

しかし、それが言論である以上は「論として成立していることが前提条件」とBさん。データの取り扱いに誤りがあったり、事実と意見が混在していたりするような本は、質の面でも出すべきではない、とします。

ただし、その基準は編集者ごとに異なるようで、それが今、健康本が増えている背景にもあるようです。

表現は自由だからこそ、その本を作るかどうかの基準は、売り上げのためにそれをすることに嫌悪感を感じるかどうか。あるいは、その人の主張を言論空間に投げ込む価値を、編集者が感じるか感じないか。売り上げを上げたいという最初の欲求があって、それをするかどうかは編集者個人や、編集長、出版社の価値観に左右されるといえます。

では、医療専門の編集者は、どのように情報の信頼性を担保しているのでしょうか。30代の編集者・Cさんが作るのは、病院にも置いてあるような雑誌や本。医療関係者からも一定の信頼を得ています。Cさんの会社では、担当者が学会に足を運んだり、自分で論文に目を通したりするなどの方法で、情報を常にアップデートしているそうです。

医師がいうことだからといって、頭から信じ込むようなことはしません。ガイドラインの作成委員や、学会での評判が良い医師を取材しています。その医師がこれまで、各メディアでどのように発信してきたか、といったことも十分にチェックします。意外さや過激さばかりで不正確な情報を聞き、伝えてしまうと、一気に信用を失ってしまいます。

医療についての情報は「人の命を奪い得るもの」。それを表現の自由で済ませていいとは「思いません」とCさん。本来なされるべき医療で命が助かったはずの人が、健康本の紹介する怪しい「治療」に走り、助からなかったときに、自己責任で済ますには重すぎます、といいます。

はっきりと線を引くのは難しいですが、程度問題として、その情報がどのくらい命に関わるかで判断するべきではないでしょうか。

Cさんは文系の大学の出身。「サイエンスは好き」だが、科学教育を受けたわけではありません。新人の頃は、提携する医療系の編集プロダクション頼みだったそうです。

医療を専門にする編プロがあって、うちの会社は長くそこと手を組んでいます。専門性のある編集者に鍛えてもらい、今があります。しかし、最近では編プロさんのほうでも優れた人材の確保が難しいようで、経験の少ない若手の担当者が増えています。逆に、こちらが鍛えているという感じです。

Cさんは「健康・医療情報はこの先、紙では読まれなくなっていく」という考えを持っています。今のところ売り上げは順調ですが、読者層は高齢者。まだしばらくは需要があると予測していますが、「いずれどこかでガクンと売り上げは下がる」。準備が必要ですが、ネットが受け皿になるかは「わからない」と話します。

WELQ問題で、健康・医療情報が〝安かろう悪かろう〟じゃいけないということは、みんなわかった。でも、安心できる情報というのは作るのにお金がかかります。みんなそのお金を出しますか、出しませんよね、と。この隔たりを埋める方法を、まだ誰も見つけられていないというのが、現状ではないでしょうか。

Cさんは、健康・医療情報を扱っていることもあり、WELQ問題のことを詳しく知っていました。メディアの未来を憂いて、こう嘆きます。「本当にいい情報を世の中に出したとしても、お金が入らなければビジネスを維持できないのは、紙もウェブも同じです」。

Cさんの発言の中で、特に印象的だったのが、「人の命を奪い得る健康本を、表現の自由で済ませていいとは思わない」というものでした。

メディアの人間でないとわかりにくいかもしれませんが、表現の自由というのは、私たちの知る権利を守るためのものでもあります。だから、私にとっても非常に重要です。私が医療記者としておこなってきた数々の追及は、追及されるほうからすれば、書かれたくないことです。それを書いていいのは、表現の自由があるからに他なりません。

だから、表現の自由が重いこともわかります。しかし、表現の自由については当然、制約もあります。その一つが、国際人権規約（自由権規約）における表現の自由に対する許される制限、というものです。その中には「国の安全、公の秩序又は公衆の健康若しくは道徳の保護」の目的においては、表現の自由が制限される、とあります。

つまり、この考え方に照らすと、例えばがんの標準治療を否定し、「がんになっても医者にかかるな」と主張するような本というのは、いくら表現の自由があろうとも、公衆の健康を著しく損なうことにつながり、許されないのです。ですから、表現の自由は、出版業界を維持するための都合のいい方便にはなり得ないはずです。

健康本の増加は、止まらない

夏も終わりかけた頃、私が一連の取材をしていることが耳に入ったらしく、大手出版社の幹部Dさんに接触することができました。Dさんの会社では、Dさんが知る限り、健康本は作ったことがありません。かねてから、健康本を巡る状況を、問題として認識していたそうです。

Dさんは「このままだと健康本は増え続ける」と危惧していました。その理由はやはり、出版不況です。

現在1万2000ある書店が、将来1万を大きく割り込むことは確実視されています。今後さらに減少するのが、駅前で雑誌と文庫・新書しか置かないような書店のはずです。そこには単行本はほぼないので、閉店の影響は雑誌と文庫・新書を出している大手出版社が食らうことになります。

出版不況が続いたときにまず影響が出るのは、健康本などの単行本ではなく、大手出版社の得意分野だった、雑誌や文庫・新書だといいます。しかし、その影響は健康本の増加へと波及していきます。

雑誌や文庫・新書の新刊の配本先がなくなるのも痛いですが、潰れる書店の数だけ店頭の商品が返品されることになります。そうなると、歴史のある大手出版社でも、残念ながら会社の維持のために、とにかく「売れるものを作る」のが至上命題になる可能性があるのです。

実際に、前述の嫌中・嫌韓本は大手出版社からこぞって発売されています。個々の編集者のリテラシーは高くても、大きな流れには対抗できない状況がきているともいえます。

それを回避するために、Dさんは業界団体と医療関係者とが手を取り合う評価機構を作れないかと構想を練っています。

我々のように、そうした本に頼らない出版社からすると、本の売り上げが減少していく中で、読者を犠牲にして、かつ「本」というブランドを悪化させるのは許しがたい。

このような人物が出版業界にいることを知り、私のような若い世代の記者としては、少し安心することができました。しかし、Dさんの構想は、実効性・継続性などの面で課題があるのも事実です。「どうすれば実現できるのか、ぜひ、出版業界以外からも、力を貸していただきたいです」と、Dさんは呼びかけています。

経済合理性に抗うには

あくまでも健康・医療情報の分野において、ではありますが、自浄作用が働いたネットメディアと、現行のシステムが破綻寸前の紙媒体。取材をとおして、明暗がくっきり分かれていることに、あらためて驚かされました。しかし、強調しておきたいのは、私のような一介の記者の呼びかけに応じてくれた出版関係者が、短期間で20人以上もいた、ということです。

本来、編集者というのは視点を高く持った優秀な人たちです。今の状況が健全でないことは、当然、理解しているでしょう。変わらなければいけないけれど、変わり方がわからない。そんな焦りもまた、伝わってきました。

では、紙媒体はこの苦境を、どう乗り越えればいいのでしょうか。

それには、WELQ問題、WELQ後の流れ同様に、私たちが声を上げることが必要です。ネットに自浄作用が働きやすいのは、このような声が可視化されやすいから。逆に、既存メディアの情報発信は一方的で、情報の受け手の意見が反映されにくい仕組みになっていました。その結果、出版不況の中で、読者という本来一番大事にしなければならない存在の健康をお金に換えて食いつなぐ。そんな本末転倒の結果になってしまっています。

グーグルの決断により、ネットでは経済合理性は「売れるから正しくないものを作る」ではなく、「正しくないと作っても売れない」という180度逆の方向に向かうことになりました。これまで、不正の追及というのは既存メディアでも多々、おこなわれてきており、その地力が新興メディアよりもよほど高いことは、疑いのない事実です。しかし、このように「経済合理性を逆転させる」というゲーム・チェンジができるのが、ネットの特徴であり、これまでの既存メディアにできなかったことでもある、といえるでしょう。このことにより、ネットでの情報発信に真っ当な工夫を凝らす動きも目につき始めています。

紙媒体についても、メディアと読者、双方の協力により、経済合理性を逆転させなければならないでしょう。

そのために私たちにできることはなんでしょうか。それは、メディアの発信する情報の真偽を見分ける力を持つことだと、私は思います。もちろん、ただ「正しい情報を見分けろ」といわれても、どうすればいいのかわからないですよね。

そこで、第三章では、医療記者として私が実践している、情報のチェック方法をご紹介します。

第三章

クロを切り捨て、グレーを探る

医療情報の5W2H

ラクに、簡単に健康になれるという、自分にとって都合のいい情報を求めてしまう私たちと、そこから利益を上げたいと考える企業。経済合理性が作り出す騙されやすさの構造を脱するためには、何が正しくて、何が正しくないかを判断し、声を上げていくことが必要です。

この章では、「正しい情報とはどんなものか」について、考えていきたいと思います。ただし、このことを考えるうえで、注意しなければならないことがあります。

それは、「完ぺきに正しい情報」はない、ということ。第一章でも説明したように、医療とはもともと不確実なもので、しかも、今なお日進月歩で発展しています。そのため、あるのはあくまでも「現時点でもっとも確からしい情報」ということになってしまうのです。

医療情報の信頼性というのは、「シロ」から「クロ」へのグラデーションです。明らかにシロに近いもの、明らかにクロに近いものがあり、その間にあるのはすべてグレー。グレーの情報を検証するための、絶対の基準はありません。しかし、人はいずれどこかで、シロクロをつけるように迫られます。
自分や自分の大事な人が大きな病気やケガをしたとき、「よくわからないから」と判断を保留にしたままにはできないのです。

この章では、医療記者としての私が、普段どのようにして情報の確からしさを見分けているのかを紹介してみたいと思います。自分の判断基準をあらためて振り返ってみて気づいたのは、「5W2H」の重要性。情報の「5W2H」をチェックしていくことで、目の前のグレーがシロに近いのかクロに近いのかという濃淡が見えてくるのです。

5W2Hとは？

いきなり5W2Hといわれて、戸惑われたかもしれません。さらっとおさらいをしてみましょう。

WHEN（いつ）、WHERE（どこで）、WHO（誰が）、WHY（なぜ）、WHAT（何を）、HOW（どのように）、HOW MUCH（いくら）の7つで、『大辞林』第三版には「物事を正確に伝える際に用いられる確認事項」とあります。なぜ、医療情報を判断するにあたって5W2Hが必要なのかは、まさにこの定義が示しています。5W2Hというのは、物事を「正確に伝える際に用いられる」もの。つまり、正しい情報かどうかを判断するチェックポイントになるのです。この7つを、実際に私が確認している順番に並べ直すと、おおよそ次のようになります。

WHAT（何を）→WHO（誰が）→WHERE（どこで）→WHEN（いつ）→HOW MUCH（いくら）→WHY（なぜ）→HOW（どのように）

「何を」こそが本丸で、判断が一番難しいポイントでもあります。
「誰が」「どこで」「いつ」「いくら」「なぜ」「どのように」は、「何を」だけでは判断がつかなかったときに、判断を補助する目的で検証します。私の経験上、これら7つのチェックポイントすべてがOKという情報は、そう多くはありません。だからこそ、7つを総合的に検証してもっとも確からしいのはこれだと決めるのです。それでは、一つずつ具体的に見ていきましょう。

WHAT（何を）

私は、医療情報を見かけたら、まず、それが「何を」いっているのかについて、検証します。といっても、これが一発で見分けられれば苦労はありません。

実際のところ、最初の段階では、クロに近いとすぐにわかるものを除外する、つまりスクリーニングをしています。明らかなウソや不正確な情報は、「禁止ワード」「エビデンスのピラミッド」「因果関係」の3つによって除外できます。除外されたものを深追いするのは時間のムダなので、クロに近いと判断したものについては、読んだり見たりするのをやめてしまいます。

▼禁止ワードでふるいにかける

「何を」は情報の中身そのものなので、信頼できるかどうかの判断はもっとも重要で、もっとも困難でもあります。とはいえ、ざっくりクロをふるい落とす方法があります。それが「禁止ワード」によるチェックです。実は、すでにこの本の中で、そのうちのいくつかに触れています。

例えば、ダイエットのときの「すぐに」「ラクに」「だけで」など、簡単に健康になれるように謳うもの。こういったものが禁止ワードとなります。

人体が複雑なシステムの組み合わせでできていることは、第一章で説明しました。たとえるなら、入り組んだ迷路のようなもの。描く曲線や道の幅、全長は人によって異なり、一律の脱出方法はありません。そもそも太りにくい人がいるように、ある人にとっては簡単でも、別の人にとっては簡単ではない、ということだらけなのです。

そうであるにもかかわらず、万人に共通のまっすぐで広く短い道、あるいは秘密の抜け道があるかのように伝えるような情報が、世の中には氾濫しています。

また、「最新」「先端」といった謳い文句も、そのまま受け取ってはいけません。誤解されがちですが、医療においては「最新」の研究結果や医療がもっとも優れているわけではありません。

最新というのは、医学的に十分な検証がなされていないことの裏返しでもあります。効果がない場合も、副作用がある場合もあるでしょう。だからこそ、最新の治療というのは、実際の患者などを対象とした臨床試験を実施し、従来の治療より優れていると証明されて初めて、標準治療になるのです。だから、「最新」の治療が「標準」の治療よりも優れているということでは、必ずしもありません。むしろ、やたらと「最新」「先端」などと謳い、本来は速やかにクリアするべき臨床試験を実施していない治療というのは、怪しいのです。「最新」「先端」も、あえて禁止ワードに含めたいと、私は思います。

最後の禁止ワードは「奇跡」「生還」などの大仰な言葉や、「聡明」「若々しさ」などの抽象的な言葉、「高配合」「高濃度」「ポリフェノール」「オメガ脂肪酸」などの科学を装った言葉です。多岐にわたるようですが、これらの言葉には、実はある共通点があります。それが「法律リスク回避」を狙った言葉であるということです。

医薬品ではないのに効果・効能を謳えば薬機法に、ウソや大げさな広告をすれば景品表示法や、健康増進法（健増法）、医療法に抵触します。

「売れるから作る」という経済合理性が働くため、「騙す人」たちはこれらの法律に抵触しない範囲で、情報の受け手にアピールするための工夫を凝らすことは、すでに説明したとおりです。その結果として生まれるのが、このような法律リスクを回避するワード。効果・効能を謳わず、ウソや大げさにならないように巧妙に調整された、「それっぽい」言葉です。

私は、これらのワードが含まれている情報は、「クロ」に近いと判断します。みなさんも、日常的に接する情報を、禁止ワードという視点から分別してみてください。自分が普段、どれだけウソや不正確な情報の中で生きているかを、認識できるはずです。

▼エビデンスのピラミッドのどこに位置するか

その情報が「何を」いっているのかを検証するうえで、もう一つ、私が気をつけていることがあります。それが「エビデンスのピラミッド」という概念です。

健康・医療情報が紹介されるとき、「エビデンス（科学的な証拠）」という言葉が登場することがあります。この言葉は、この治療にはエビデンスが「ある」「ない」といったような、ゼロイチで表されるものではないことを覚えておいてください。エビデンスには「強い」「弱い」という概念、グラデーションがあるのです。

エビデンスのピラミッド

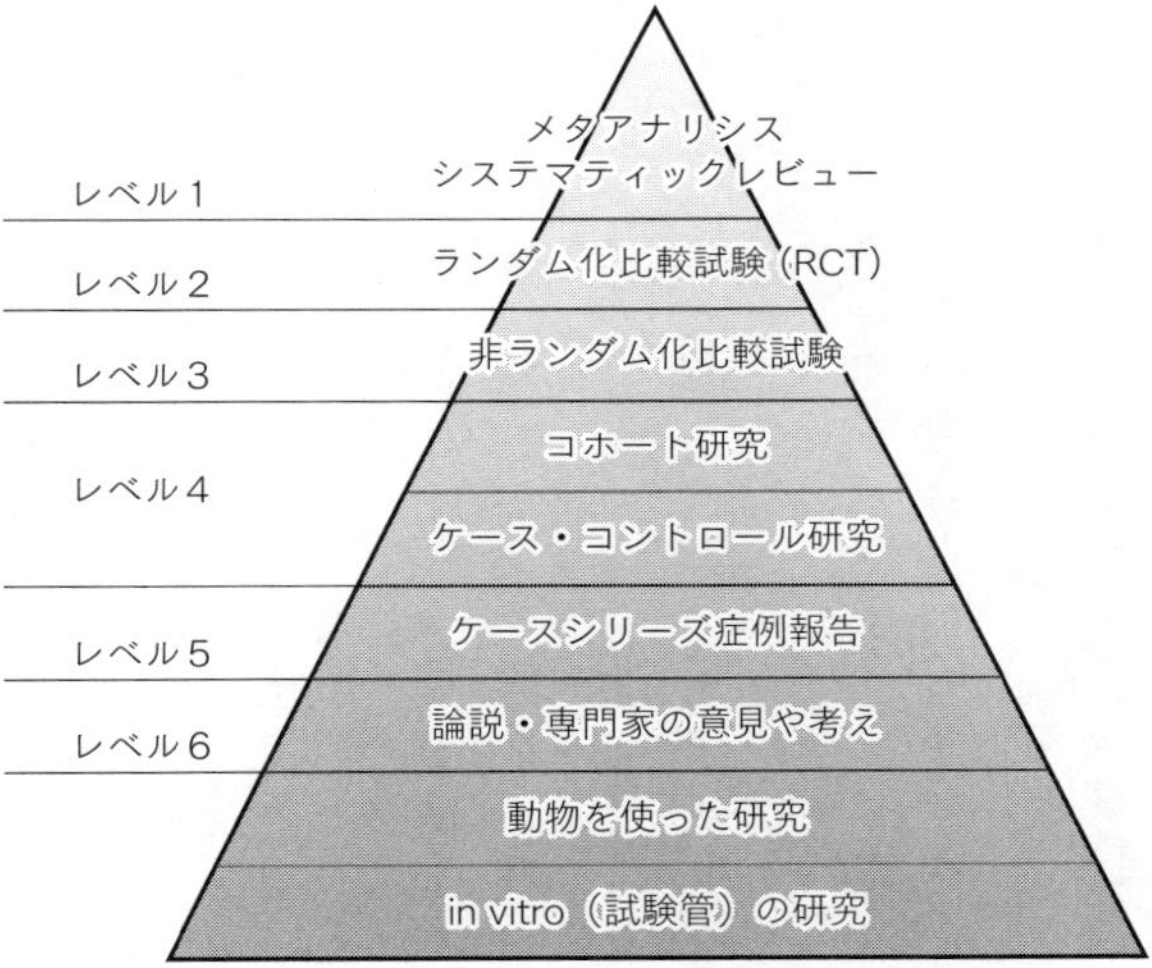

それを示すのが、エビデンスのピラミッドです。エビデンスのピラミッドからは、エビデンスとひと口にいっても、信じられるかどうかの程度には、序列があることがわかります。

例えば、新聞やテレビなどでよく「○○でがん細胞消失 試験管／マウス実験で成功」といったニュースが流れますよね。○○はなんでもいいのですが、仮にビタミンCとしましょう。このニュースから「ビタミンCががんに効くんだ」と判断することは、医学的に妥当といえるでしょうか。

残念ながら、妥当な判断だとはいえません。なぜなら、試験管や動物を使った研究というのは、エビデンスの中でももっとも弱いものだからです。

あるかないかというゼロイチでいうなら、エビデンスはあります。しかし、そこにあるのは、あくまで弱いエビデンスなのです。試験管／マウスと人では、体の複雑さがまったく異なります。試験管／マウスで効果があったことが、人に対しても効果があるか確認するためには、エビデンスのピラミッドを駆け上らなければいけません。

ピラミッドの形をしていることからもわかるように、上に登っていくに従って、多くの弱いエビデンスが脱落していきます。このようなプロセスを経て厳選されたのが、例えば「標準治療」なのです。

エビデンスを判断基準にする場合は、エビデンスがあるかどうかだけでなく、それが強いか弱いかまで判断しなければなりません。逆にいえば、命に関わるような選択をする際に示されたエビデンスが、試験管や動物実験のレベルのものだったとしたら、その治療に賭けるという選択肢を、おそらく私は選ばないでしょう。

このエビデンスのピラミッドからは、他にもいくつか、おもしろいことがわかります。例えば、非専門家の意見、つまり時折、健康食品や怪しい治療の広告に掲載されている患者の声のようなものは、このエビデンスのピラミッドの枠外にあるということです。誰かがいっていたレベルの意見は、そもそもエビデンスではないのです。当然、頭から信じ込んでいいものではありません。

さらに、専門家の意見ですら、試験管・動物実験の一つ上に位置しているにすぎないことも、注目すべきことだといえます。「お医者さんのいうことだから」と真に受けて記事を書き上げてしまうようでは、医療記者失格です。医師の情報が何に基づいているのか、論文誌やガイドラインなど、それが信頼できる情報源かどうかまで検証して初めて、強いエビデンスに基づく報道となります。

健康・医療情報の発信をする私のような立場であれば、やはりここまでしないと、情報の信頼性を保つことができません。とはいえ、ここまでの確認をみなさんにも求めるというのは、酷なこと、非現実的なことだと思います。まずは、「試験管や動物実験レベルのものを鵜呑みにしてはいけない」「お医者さんのいうことだからといって、なんでもかんでも信じてはいけない」と覚えておいてください。

▼相関関係なのか、因果関係なのか

最後にもう一つ、「何を」いっているのかを検証するうえで、私が欠かさず確認するようにしていることを紹介しておきましょう。

それを私に教えてくれたのは、第一章でも登場した医療政策学者・医師の津川氏でした。津川氏は、健康・医療情報の問題は「日本特有の問題」だと指摘します。アメリカにもウソや不正確な健康・医療情報は存在しますが、大手メディアがきちんと情報を取捨選択して発信することが多いため、情報の受け手が医療デマに騙されることが、日本よりも珍しいそうです。

津川氏によれば、日米の差につながっている別の要因は、「因果関係の有無」を判断する力だといいます。この「因果関係の有無」は、アメリカでは大学で当たり前のように教えられること。しかし、「日本ではほとんど習う機会がない」と津川氏は指摘します。

因果関係とは、「AだからB」という「原因（A）」と「結果（B）」の関係のこと。これが理解できていない傾向が、日本ではよく見られる、と津川氏。その例として、「メタボ健診の失敗」を挙げます。メタボ健診（特定健康検査）は、２００8年以降、40歳以上の健康保険加入者全員が、受診を義務づけられている健診です。この健診には、２０１４年までに約１２００億円もの税金が投じられています。これが失敗であるとは、どういうことでしょうか。

メタボ健診が導入されたのは、簡単にいえば「メタボ健診をすると国民が健康で長生きになる」と考えられていたからです。しかし実際、現時点で有力な研究が示すところによれば、メタボ健診と長生きの間に因果関係はない、つまり、メタボ健診を受けても長生きができるわけではない、ということがわかっています。

では、なぜ「メタボ健診をすると国民が健康で長生きになる」と考えられたのでしょうか。ここに、因果関係の取り違えがありました。データが示す事実は、あくまでも「メタボ健診を受けた人がそうでない人と比べて長生きした」ということだったのです。このデータから「長生きの原因がメタボ健診である」とはいえません。

一見、メタボ健診を受けることは健康に良さそうですし、いかにももっともらしい話なので、長生きできるといわれたら信じてしまう人もいるかもしれません。しかし、これは不正確です。なぜなら、これだけでは、メタボ健診が長生きの原因になったかどうか、因果関係があるかはわからないからです。

つまり、「メタボ健診を受けたから長生きした」のではなく、「もともと長生きするような健康に対する意識が高い人がメタボ健診を受けている」だけだったかもしれないということです。これは因果関係ではなく、相関関係と呼ばれる別のものです。

メタボ健診に限らず、「長生きしたければ○○をしなさい」というフォーマットは、テレビや書籍、ネットなど、あらゆるメディアで使われています。津川氏は「このような情報を見かけたときには、まず、『それが因果関係なのか、相関関係なのか』と疑うクセをつけてほしい」といいます。

また、「○○万人のデータで明らかになった」という謳い文句にも、気をつけなければいけません。キャッチーではありますが、データの多さと因果関係は、直接関係するものではないからです。

WHO（誰が）

ＷＨＡＴのスクリーニングを終えたら、次に私は、ＷＨＯをチェックしています。ここで私が検証するのは、情報発信者の専門性と社会的責任です。専門性が高ければ高いほど、社会的責任が大きければ大きいほど、その情報は信頼性が高いといえるからです。発信者は個人になることも、組織になることもあるので、それぞれについて、検証方法を紹介していきます。

▼個人の信頼性の確認方法

発信者が個人の場合、まず発信者の「名前」「プロフィール」「資格」「所属」「これまでの実績」などが明記されているかを確認します。

まず、専門性について。発信者は医療に関する資格のある人か、それとも一般の人かを確認します。ここでいう発信者には、記事の書き手だけでなく、その書き手が取材した相手も含みます。また、医療に関する資格とは、例えば国家資格の医師や看護師、薬剤師、管理栄養士などを指します。「健康総合アドバイザー」などの肩書きを名乗る人もいますが、これらは自称でしかありません。しっかり勉強している場合もあるとは思いますが、基本的には素人と変わらないと判断しています。

健康・医療情報に関する専門性の証左として、もっとも信頼できるのは医師の資格です。医師の中には専門医という資格があり、これを取得している医師であれば、その分野にさらなる専門性があると判断していいでしょう。ちなみに、日本において医学博士は医師であることを意味しません。医学研究の能力を持つという意味での医学博士もいます。もちろん一概にはいえませんが、医師と同等の専門性を持つとまではいえないことも多く、注意が必要です。

次に、実績です。実績を判断するのは、みなさんにとってはなかなか難しいことかもしれません。というのも、実績とは例えば、学会発表や論文掲載になるのですが、ひと口に学会や論文といっても、審査基準が厳しいものから緩いものまでさまざまです。学会発表をしている、論文発表をしているという事実だけで実績があると判断するのは、かえって危険です。事実、怪しい商品が、学会発表済みなどと謳って宣伝されているのを見かけることがよくあります。

私がどうしているかというと、学会発表であれば、それが日本医学会の128分科会に所属している学会での発表であるかどうか（自称・学会もありますので）、論文発表であれば、『Lancet』や『Nature』といった有名どころに掲載されているか、といった視点でチェックしています。

最後に、社会的責任について。これは、「名前」や「プロフィール」「所属」をはっきりと明かしているかどうかということです。

例えば、私が匿名でネットに書き込みをしたときと、朽木誠一郎個人として発信したとき、群馬大学医学部医学科卒のバズフィード・ジャパン所属である朽木誠一郎として発信したときでは、社会的責任が異なります。自分について開示すればするほど、社会的責任は大きくなり、関係する人や組織に迷惑をかけないように、精査した情報を発信するようになるのです。

ただし、健康・医療情報の発信者の中には、仕事の都合などで、どうしても匿名にならざるを得ない専門家もいます。その場合は、著書があるかどうか、新聞社に取材されたり、雑誌に連載をしたりしているかどうか、などをチェックします。既存メディアが関係を結ぶにあたり、身元の確認をしているはずだからです。

▼組織の信頼性の確認方法

発信者が組織の場合、まず、それがどんな組織かを確認します。医療情報に関する専門性のある組織としてすぐに思い浮かぶのは、厚生労働省や保健所、病院。製薬会社なども専門性があるでしょう。また、朝日新聞や読売新聞、私の所属するバズフィード・ジャパンには、医療に特化した部門があります。

これらの組織の社会的責任の大きさは、どのような順番になるでしょうか。もっとも社会的責任が大きいのは行政でしょう。そのため、情報の精査にも重きを置いているはず、と私は判断します。国立大学医学部や国立病院など、公共機関も、行政に準じて社会的責任の大きい組織といえます。

一方、発信者が民間団体だった場合はどうでしょうか。例えばジャーナリズムを担うメディアは、社会的責任が大きいはずで、情報も精査されていると見ていいでしょう。では、大手企業の製薬会社が発信者だったらどうでしょうか。自社の商品について経済合理性が働き、情報に偏りが生まれる可能性はありますが、ウソや不正確な情報を発信した場合のリスクも高いはずです。そのため私は、商品の宣伝が含まれていないかと疑いながら、そうそうウソや不正確な情報を発信はしないだろう、という目で情報を読み解いていきます。

民間のクリニックなどの場合、経済合理性が強く働く可能性もあるため、情報の信頼性は発信者の良心次第になってきます。そのため、個人的にずっと発信内容を追っている、情報発信者の人柄をよく知っている、など他の情報とあわせての判断とならざるを得ないところがあります。こういったケースでは、WHO単独の情報だけで信頼性を判断しないほうがいい、と私は思います。

WHERE（どこで）

さて、WHOの説明を聞いて、疑問に思った方もいるのではないでしょうか。この本では繰り返し、医師や企業、メディア、時には国すらも「騙す人」の側になり得ると指摘してきたのですから、無理もありません。

結局のところ、5W2Hは比較的信頼できるかどうかを見分けるための材料にすぎません。比較に比較を重ねて、「現時点でもっとも確からしい情報」の暫定一位を決める。だからこそ、WHO以下、できるだけ多くの材料を使う必要があるのです。

例えば、今はネットで簡単にググることができます。「がん放置理論」であれば、主な提唱者の「近藤誠」という氏名でネット検索をするだけで、さまざまな反論を呼んでいる人物であることがわかります。専門家もネットを使って発言することが増えてきていますから、SNS上で誰がどのように言及しているかも判断材料になります。ただし、反論もまた、信じ込んではいけません。反論についても、できるかぎり5W2Hをチェックするようにしています。

WHERE、すなわち、どこで情報を発信しているかからも、専門性や社会的責任の大きさを推し量ることができます。SNS上での発言も判断材料になるといいましたが、その社会的責任はあまり大きなものとはいえません。

また、誌上で情報発信をするにしても、『Lancet』や『Nature』と日本の週刊誌であれば、医療の分野で専門性が高いのはもちろん前者です。当然、発信されている情報の正確性も社会的責任も、前者のほうが高いということができます。

発信する場によって、信頼性の判断ができることも、ぜひ、覚えておきましょう。

新聞の報道と、ツイッター上の個人（非専門家）の意見であれば、社会的責任は前者のほうが重く、やはり、信頼性が高いといえるでしょう。これが新聞社と厚労省になれば、比較の問題として、厚労省のほうが信頼性が高いということになります。

しかし、新聞社が厚労省の不正を明らかにすることもあるでしょう。このように、信頼性とはやはり相対的で、都度、検証が必要なのです。

WHEN（いつ）

医学は日進月歩で発展しています。だからこそ、まったく新しい事実が「常識」として医学の世界で定着するも、一般の人にはそれが届かない、ということが、往々にして発生します。

例えば現在、胃がんの原因は、ほとんどが「ピロリ菌」による感染症であることがわかっています。このことは医学の世界では常識ですが、はたしてこの理解は進んでいるでしょうか。多くの人は、このがんの原因が「うつる」ものであるということを、知らないのではないか、というのが私の実感です。

ピロリ菌が発見されたのは1979年と、比較的最近です。この発見により、胃潰瘍や十二指腸潰瘍といった病気が、ピロリ菌を除菌することによってほとんど再発しなくなることも証明され、発見者にノーベル医学生理学賞が贈られたのが、2005年のこと。2014年9月には、WHOの国際がん研究機関（IARC）が「ピロリ菌は胃がんの原因の80％である」と発表しています。しかし、このような新しい常識は、なかなか浸透しにくいのです。

▼タイムスタンプの重要性

WHENを確認する重要性を示す例を、もう一つ紹介しましょう。

「あるワクチンが自閉症の原因である」というウワサの根拠として、よく引き合いに出される論文があります。それは、前出の権威ある医学誌『Lancet』の1998年2月28日号に掲載された、英国ロンドン大学のウェイクフィールド氏らが、ロンドン大学病院に入院した12人の子どもを対象に行った研究です。この論文は、MMRワクチン（麻疹・風疹・

おたふく風邪の混合ワクチン）を接種した子どもが、自閉症になったと主張するものです。この論文がヨーロッパ社会に与えた影響は大きく、ＭＭＲワクチンを接種しない子どもが増え、結果として麻疹の感染者が増加したのでした。

しかし、この主張はなんと、捏造だったのです。２０１０年には『Lancet』が正式に論文は捏造だったと発表し、ウェイクフィールド氏は医師免許を剥奪されています。先程、『Lancet』に掲載実績があれば比較的信頼性が高いと判断できると説明しましたが、それでも、このようなことは十分に起こり得るのです。

今ではその存在を信じている人は少ないであろう「ＳＴＡＰ細胞」が掲載されたのは、世界ナンバーワンの科学誌『Nature』でした。このことからも、やはり単一の基準で信頼性を判断することは、不可能であることがわかるでしょう。

ただし、このような論文誌では、きちんと自浄作用が働きます。論文に疑義の声が寄せられれば、しっかり検証されるのです。その結果、ウェイクフィールド氏の論文は取り下げられました。

しかし、一度広まってしまった情報を正すことは、容易なことではありません。この論文は未だに、反ワクチン運動でよく引き合いに出されます。そこで確認するべきことが、

WHENです。この論文が引き合いに出されても、「いつの情報か」を確認すれば、それがすでに10年前であることがわかります。10年という時間が経てば、医学はかなり発展するので、状況が変わっていてもおかしくはありません。ここに、今もMMRワクチンの接種が続けられているという事実があります。これらを総合して、おかしいのは論文のほうではないか、とさらなる検証に進むことができるのです。

医療デマにおいては、自分たちにとって都合の良い、誤りであることが後に判明した古い情報を、「隠された真実」などと表現して援用することがしばしばです。そんなときは落ち着いて、WHOやWHEREやWHENを確認してみてください。総合的に検証することで、その粗が見えてくることもあるはずです。

HOW MUCH（いくら・どのくらい）

▼「高いものはいいものだ」が狙われる

第一章で紹介した免疫細胞療法などでは、保険の利かない自由診療として、数百万円の治療費を取られることがあります。これは、私たちの持っている、「高いものはいいものだ」

という心理が関係しています。

お金に余裕がある人ほど、このような情報を信じ込んでしまうことがあります。また、余裕がなくても、お金を出せば「標準」より良い「先端」「高度」な治療があると思い込んでしまうのです。

これまで各所で説明したことをまとめると、現時点でもっとも信頼するべき、エビデンスが高い治療が「標準医療」なのでした。「先端」「高度」などは、自称であることがほとんどです。また、似た言葉で「先進医療」というものがありますが、厚生労働省が指定し医療費の一部が補助されるものと、厚労省の指定のない自称・先進医療があります。さらに、厚生労働省が先進医療に指定しているものであっても、その有効性が完全に証明されているわけでもありません。何をもって「先進」としているのかは、確認しておきたいところです。

いずれにせよ、私は、法外な金額を見かけたら、その時点で警戒するべき情報だと思っています。健康に「うまい話」はない以上、お金さえ払えば手に入る秘密の方法など、あるはずないのですから。

▼数字にごまかされない

「いくら」という意味でのHOW MUCHとは別に、「どのくらい（の数）」という意味でのHOW MUCHもチェックポイントとなります。情報の中に数字のトリックがないか検証していくのです。

第二章で紹介した「25％の医師は自分に抗がん剤治療をしない」などが、その一例です。逆だったら、つまり「75％の医師は自分に抗がん剤治療をする」といわれたら、安心するのではないでしょうか。

また、「半数以上がリピート！」ということの裏に、リピートしなかった人は、もう二度と来ないほどイヤな思いをしたということが伏せられているかもしれません。

他にも、例えば、「60％に効果あり」といった表現を見つけた場合、私は分母が何であるかを探ります。1000人中600人なのか、5人中3人なのかで、信頼性が大きく変わってくるからです（もちろん分母がいくら大きくても、因果関係があるとは限りません）。「成功者10人の声」といった場合も、1000人中10人の成功者なのか、1000人中10人の成功者なのかで意味が違ってきます。そもそも、健康食品の宣伝などにおいては「失敗者の声」が取り上げられるはずもありません。この場合、数字の抽出の方法自体が、偏っているのです。

このように、数字の見せ方によって、印象はいくらでも左右できてしまいます。だからこそ、数字にごまかされないという意味でのＨＯＷ ＭＵＣＨが重要です。

ＷＨＹ（なぜ）

▼その発信、なんのため？

情報が「なぜ」発信されるかも、信頼性を判断する材料となります。発信者が公共機関である場合、情報発信は、国民の健康増進といった、非営利の目的であることがほとんどです。このような場合、経済合理性が働かないので、情報の信頼性は比較的高いと判断できます。

一方、民間団体が情報を発信する場合、啓発運動やジャーナリズムを目的としない限り、基本的にはビジネスのために情報が発信されます。ビジネスのため、つまり、売れるから作るという経済合理性が働く環境では、情報の信頼性は損なわれやすくなります。

タチが悪いのは、非営利の情報に見せかけた広告です。新聞や雑誌の中面広告、テレビの情報番組の合間の実演コマーシャルなど、以前からこのような形の広告が横行していました。ネットでも、広告を広告と気づかせないような手法がステルスマーケティング、いわゆるステマとして問題になっています。

これらをまとめた広義のステマは、非営利の役に立つ情報、つまり正しい情報と見せかけて広告する、つまり偏った情報を提供していることになるので、非常に悪質です。

役に立つ情報を探していて、ふと気づくと、いつの間にか商品やサービスの紹介にたどり着いているなんてことは、既存メディアでもネットメディアでもあるでしょう。そんなとき、私はどこかに罠が仕掛けられていたはずだと疑い、調べ始めます。

宣伝だとわからないままに宣伝されたのであれば、その方法は絶対に不誠実です。騙す人が巧妙な罠を仕掛けていて、そうと知らずにその罠にかかる人を待っている。このような情報を、放っておくわけにはいきません。

HOW（どのように）

▼伝え方の力

ＨＯＷ、すなわち、どのように伝えるかは、ＷＨＡＴに影響するものではないと思うかもしれません。しかし、情報が「どのように伝えられるか」は、私たちの受け止め方を左右することが知られています。騙す人は、このことをうまく利用してきます。特に、危険を煽るような伝え方をしている情報には、注意が必要です。

よくあるのが、食器や寝具などについて「○○は菌だらけ」と危険を煽る広告です。しかし、健康な人の肌にだって、常在菌というのは無数にいます。私たち自身がそもそも「菌だらけ」なのに、菌を怖がるというのは実は、おかしな話でもあります。

このように、本来は取るに足りないことでも、例えばおどろおどろしい菌の写真を見せたりして、さも恐ろしいものであるかのように思わせるような手法というのは、結局「売るため」の工夫です。その時点で、信頼性は低いといえるでしょう。

▼好き嫌いがリスク認知を歪める

『Nature』が２０１３年に紹介した「Twenty tips for interpreting scientific claims（科学的主張を解釈するための20のヒント）」には、以下の記述があります。「Feelings influence risk perception（感情はリスク認知に影響を与える）」。これは、私たちが好ましいと感じているものに対するリスク（危険性）は軽く感じられ、好ましくないと感じているもののリスクは重く感じられるということです。

どういうことか、例を挙げて説明してみましょう。長崎大学医学部小児科学教室主任教授の森内浩幸氏は、バズフィード・ジャパン・メディカルへの寄稿記事『根拠なきワクチン批判で救える命を見殺しにしないで』において、私たちがどうリスクを把握するかについて、次のように感情の影響を指摘します。

毎年食べ物が喉に詰まって窒息死する人が４０００人以上います。かつて「こんにゃくゼリー」による窒息死が問題となり、販売禁止を求める声が上がりました。でも、それよりずっと危険なお餅（1億口食べると7〜8人窒息死）や飴（1億個舐めると1〜3人が窒息死）については、誰も声を上げません。

つまり、より危険性の高いお餅や飴よりも、あまりなじみのないこんにゃくゼリーのほうが危険性が高いと判断しがちだということです。こうした無意識のリスク認知の歪みも、

騙す人にとっては狙い所となります。

リスクを正しく認知し、情報を正しく読み取るためには、自分の中にもともとある「好き嫌い」を疑わなければならないでしょう。

医療情報の5W2H 実践編

WHATからしてお粗末

ある情報が実際に医療デマであるかどうか、具体的にはどのように判断していくことになるのでしょうか。ここで、2017年7月初旬の『重い生理不順が、足を揉むことで改善。赤ちゃんも授かったAさん』という、女性の目を引きそうなタイトルの記事を例に5W2Hの使い方を見ていきましょう。

まずは、この記事に関する事実関係を確認しておきましょう。この記事は大手出版社の幻冬舎が運営するウェブサイト「幻冬舎プラス」で、7月9日に公開されました。ヤフーニュースにも配信され、一時「ヤフーニュースのアプリ、ヤフー検索のスマートフォンブラウザ版トップページのタイムラインに掲載されていた」との証言もあります。

この記事は「官足法《かんそくほう》友の会」という組織の「認定講師」で、ダンサーの著者が執筆したもの。同会の公式サイトによれば、官足法とは「足全体を自分で強くもみつぶして血液循環を良くすることで、健康の回復、維持、管理ができるようになる健康法」だと紹介されています。

官足法の効果として、記事では「重い生理不順」が「足を揉むことで改善」され、「赤ちゃんも授か」ったとするある女性のエピソードが、著者の視点から紹介されていました。

記事には婦人科系の薬を飲み続けると「化学物質は、身体の中に残留したままになってしまう」など、薬に対して批判的な記述もあります。さらに、施術によりAさんの「足の先だけが真っ青」になり、「足先から上は別人の足のようにパンパンに」なってしまったと、Aさんの足に異変があったことがうかがえる表現も見られました。

さて、ここで5W2Hの出番です。

まずはWHATのチェック。個々の薬ではなく、薬全体に対して批判的なところから、私は端からこの記事の内容を疑ってかかりました。人の体がいかに複雑かは、この本でも繰り返し説明したとおりです。薬への反応も同様です。これをひとくくりにしている時点で、そもそも科学的なものではないと予想できたのです。

また、足を揉んだら健康になるというエビデンス（本章で紹介した意味での）も示されてはいません。

記事では、施術を受けた女性は「約4年間の間」「毎月痛い施術を頑張り」妊娠。「身体が良くなったら、きっといい人に出会い結婚し子供を産むと思う」と、施術により妊娠できるように思わせる記述もありましたが、足を揉んだから妊娠する、ということに因果関係があるかのような書き方も疑問です。

WHATを確認しただけでも怪しいことだらけでしたが、WHO・WHEREについても同様でした。情報発信者は国家資格者ではなく、あくまでも自称・専門家。情報を発信している媒体も新聞などではなく、文芸書出版社のウェブ媒体です。

私は一読した時点で、この記事の信頼性は高くないと判断しました。その後、医師にも取材し、その判断が正しいことを確認。この記事を否定する記事を書いたのです。

幻冬舎は私の取材に、記事を非公開にする予定であることを明かし、幻冬舎プラスとヤフーニュース上で記事は非公開になりました。当該記事を公開した幻冬舎にその意図を質問すると、幻冬舎プラスの編集長名義のメールで次のような回答がありました。

本記事に関してはお問い合わせを多くいただいており、内容をあらためて精査するためにいったん非公開にいたします。

私はこの記事を配信したヤフーにも、当該記事についての対応を取材しました。同社広報担当者によれば、当該記事は「社内の医療健康に関するガイドラインに抵触する可能性」があり、情報提供社へ連絡を取ったそうです。同社は、医療健康に関するガイドラインを設けているのですが、このガイドライン上問題があると考えられる記事があった場合は、「情報提供社様への情報共有、修正や削除、再発防止の依頼を行って」おり、それでも改善されない場合には「解約などの対応を行ったことはございます」といいます。

　このような医療デマ潰しも、医療記者としての私の仕事の一環です。ウソや不正確な情報はしっかり否定しておかないと、騙される人が増えるばかりなので、重要な仕事なのです。

おかしなタイムスタンプ

　もう一つ、例を挙げておきます。これも2017年7月のことでした。「医者は自分にどんな『がん治療』をとる？ 99％が抗がん剤を使わず」というセンセーショナルなタイトルの記事に、医師らから批判の声が上がったのです。掲載されているのはライブドアニュースで、ライフハック情報サイトの「ライフハッカー」から配信されたものでした。

　約1カ月前の6月12日に、影響力のあるツイッターユーザーが「自分が拒否する治療を患者には勧める不思議議。」とコメントしたことで、この記事は拡散されていきました。フェイスブックやツイッターでのシェア数は、私の確認時点で約4000ほど。これにツイッター上では医師らが反発したのが、7月だった、というのが正しい時系列です。

この記事は「西洋医療と相補・代替治療を組み合わせた」医療に携わってきた医師の川嶋朗氏が執筆した本『医者は自分や家族ががんになったとき、どんな治療をするのか』（アスコム）の書評でした。執筆者は一般のライターです。記事では「99％の医者は自分に抗がん剤を使わない」ことの根拠として、本のまえがきが引用されています。

私の知人が国内外の医者271人に「あなたやあなたの家族ががんになった場合、抗がん剤を使用しますか？」と尋ねたところ、なんと270人が「絶対に拒否する」と答えたそうです。（中略）「99％」というのは、驚異的な数字です。（「まえがき」より）

さて、まずはここまでの情報について、5W2Hを使ってみましょう。記事の著者は一般のライターで、専門家ではありません。そのためか、医学的な記述については、すべてこの書籍の内容を引用しています。この本のまえがきの記述だけを根拠に（しかも中略して）、センセーショナルな情報を掲載していることになります。

本のほうの著者は医師であり、専門家ではあるようです。しかし、99％という「驚異的な数字」を引き合いに出す割には、「私の知人が国内外の医者に尋ねたところ〜」と、この調査（らしきもの）がいわゆるまた聞き、つまり自分で実施した調査ではないことがわかります。この271人がどんな医者なのか、具体的にはどんな質問項目があったのか、アンケートの方法は……など、知りたいことはたくさんありますが、記述はありません。

明確なデータを示さずにこのようなセンセーショナルなことを書いている時点で、もはや信頼性は高くないと判断してしまってもよいのですが、すでにかなり拡散されてしまっている情報であり、デマであるならばしっかり検証し、どこがどのように誤っているのかを明確にするのが、ここでの私の役目です。

川嶋医師がどんな人物なのか調べてみると『「見えない力」で健康になる』（サンマーク出版）、『川嶋流がんにならない食べ方』（小学館）など、標準医療に否定的であることをうかがわせる著書が多数、確認できます。テレビや新聞などにも何度も登場している人物でもあるようです。

タイムスタンプも確認していきます。ここで私は「あれっ」と思いました。なんとこの書評記事、初出が2015年11月13日と、かなり古いものだったのです。ライブドアニュースは加盟サイトの記事を配信するプラットフォームです。元の記事はどうなっているのだろうと思って確認してみると……ありません。削除されていました。

普通はこの逆で、さまざまな加盟サイトの記事を配信するプラットフォームが一定期間後に記事を削除することはよくありますが、元サイトが削除するのは珍しいことです。むしろ、何かあっただろうことが推測できます。

さて、いずれにせよ本丸は「医者の99％は自分に抗がん剤を使わない」というところですから、知りたいのは調査の内容です。

もし、この本に悪意に基づくウソや不正確な情報が含まれていた場合、売り上げに貢献してしまうのは不本意ですが、本を購入して読んでみました。本の中ではこの調査について説明されていましたが、これが調査と呼べないレベルのものであることが、よくわかりました。

まず、この調査は「末期の腎臓がんを乗り越えた経験のある」寺山心一翁氏なる人物が、「数年前、国内外の医者に対し、匿名を条件に」おこなった調査なのだそうです。それ以上の説明はありません。つまり、具体的なことは何一つ、書かれていませんでした。ちなみに、この寺山氏の公式サイトでは、48歳のときに患ったガンを「ガンという＝自分に愛を送ることで」乗り越えたのだと。これもまた、エビデンスがあると呼べるものではありません。

これらの情報から、私はこの情報の信頼性は低いと判断し、取材の上、記事を書きました。私が取材した医師の見解は、非常に真っ当でした。いわく、「抗がん剤を使うかどうかは、がんの種類や状態、患者さんの価値観によるため、ひとくくりにはできません」というもの。

ここでも、正しい医療情報を伝える難しさがわかります。つまり「医師は自分に抗がん剤を使うのか」という、非常に関心の高い問いに、できるだけ誠実に答えようとすると「ひとくくりにはできない」となるわけです。しかし、これではおもしろくありません。だからこそ「99％は使わない」という明確な、しかし根拠のないメッセージが、もてはやされてしまうのです。

なお、元記事のあったライフハッカーにも取材をしたところ、この記事は2015年の公開直後に批判が多数寄せられたため、すぐに取り下げたそうです。それが配信先に残ってしまっていたのは、単なる削除依頼の出し忘れ。私が記事を書いた数日後、この記事はライブドアニュースからも取り下げられていました。

医療情報はコミュニケーション・ツール

情報の利用は原則「自己責任」

本章では、私がどのように情報をチェックしているかを公開していったわけですが、それには理由があります。日本インターネット医療協議会（JIMA）が公開している『インターネット上の医療情報の利用の手引き』には、次のような一節があります。それは「情報の利用は自己責任が原則」というもの。

不特定の多数を相手に提供されている情報を利用して、万一利用者が不利益を被っても情報提供者の責任を問うことは難しくなってきます。

私は、これからも、悪質なものについては情報提供者の責任を問うべきだと考えますし、そうしていくつもりです。

しかし、今は誰もが騙す人になり得る時代です。SNSの気軽なシェアにより、取り返しのつかない健康上の被害を訴える人を生み出してしまうかもしれない……。その可能性は、誰にでもあります。

また、騙す人が責任を認め、謝罪をしたところで、被害を与えた事実は消えません。だからこそ、自己責任を前提にするべき、というのは、たしかにそうなのでしょう。5W2Hは、医療記者である私だけではなく、みなさんにぜひ使ってほしいツールなのです。

もちろん、自分だけでは情報が正しいかどうかを判断できないケースも出てくるでしょう。そんなとき、どうすればいいのでしょうか。ここで提案したいのが「医療情報はコミュニケーション・ツールである」という考え方です。

誰との？　もちろん、医療者たちです。

医療情報はあくまで「情報」であり、それだけで完結するものではありません。その先には必ず「医療」があるのです。そして、医療を提供するのは医師などの専門家です。つまり、専門家との関わりなしに、医療情報が正しく機能することは、決してないのです。

コミュニケーションで誘惑を断ち切る

私たちは、健康・医療情報を調べた先に何をすればいいのか——そのことを示唆するエピソードを紹介してくれたのは、日本テレビの報道記者・ニュースキャスターでがん患者のサポートをする認定ＮＰＯ法人マギーズ東京共同代表理事の鈴木美穂氏でした。鈴木氏は、がんサバイバーでもあります。

２００８年、鈴木氏は24歳のときに乳がんを発症しました。８カ月間休職しての闘病後、職場復帰し、以降は本業と並行してがん患者を支援する活動を継続しています。治療後は再発・転移もなく、現在は治療の必要もない状態の鈴木氏ですが、治療中は「さまざまな誘惑」があったと、私が参加した座談会で話します。

例えば、突然あまりよく知らない人から連絡がきたり、イベントに行ったときに話しかけられたりして。「あなたがやっている抗がん剤治療は毒だから、一刻も早くやめたほうがいい」とか、「それは標準なんだけど、お金さえあればもっと簡単に治療できるんだよ」とか、そんなことをいわれました。

もちろん、標準治療は並の治療という意味ではなく「最善の治療」です。鈴木氏は、「有名だったり、お金があったりすればするほど、標準じゃないものを選んでしまいがちなのでは」と懸念します。「標準じゃなくて、特別なことができると思うからでしょうか」と鈴木氏。

私は10年前、２００８年に乳がんになりました。こういうと、「がんになって10年経ってそんなに元気で、何か特別な治療をしたんですか？」と聞かれることが

ありません。でも、私は特別なことはしていません。ガイドラインに沿ったもの、「標準治療」と呼ばれるものを受けただけです。

しかし、治療中にはやはり、このような誘惑により迷いが生じたこともあったそうです。

私は記者で、納得がいくまで調べて精査したうえで、この治療を選んだ、とわかっていても、そのときは心が揺れました。やっぱり当時、抗がん剤治療はつらくて、これをやらないで済むのであれば、（他の何かを［著者注］）やってみたいと思ったことは何度もあります。結局はやらなかったのですが。

ではなぜ、鈴木氏はこのような誘惑に屈しなかったのでしょうか。背景には、鈴木氏が医療者と積極的にコミュニケーションを図ったことがあります。

私の場合は、積極的に医師の意見を聞きに行き、知識を収集したからだと思います。自分の病気について、主治医以外の他の医師に意見を聞くことを「セカンドオピニオン」といいますが、私もそうしました。

複数の医師に相談し、病気についての知識を身につけていく間に、「少しずつ自分にとって何を選ぶのがベストなのかが見えてきました」と鈴木氏。当時の誘惑について、「今振り返ってみると、選ばなかった中には『こっちを選んでいたら、今、私はここにいないだろうな』と思うものもある」と話します。

鈴木氏は忙しい報道記者・ニュースキャスターの仕事の合間を縫って、積極的にマギーズ東京共同代表理事として、患者の支援活動をしています。鈴木氏は、マギーズ東京の活動に携わる前、標準治療ではない治療を受けた人が「私は選ぶべきでない治療を選んでしまった」と納得できないまま亡くなることを、少なからず見てきたといいます。

それは本当に悲しいと思っていて。生きていれば人はいつか必ず死んでしまいます。でも、たとえがんになっても、自分の選択に納得して最後まで自分らしく生きて亡くなるのと、「失敗した」と後悔しながら亡くなるのとでは、心の穏やかさがまったく違います。残されるご家族もそうです。

がんという病気にかかることによって、いきなりシロクロをつけることを求められる、その難しさが浮き彫りになるエピソードです。

がん患者を惑わす、さまざまな甘い言葉。途中で騙す人の口車に乗ってしまうと、失意のうちにこの世を去ることにもなりかねません。そんな中で、鈴木氏が医療者とコミュニケーションを重ねて情報を集め、標準治療を選んだというのは、医療者とのコミュニケーションの重要性を示唆しています。

担当医とうまくコミュニケーションできないときは

残念なことに、コミュニケーションに関して、医療者側に問題があることも稀ではありません。

がん患者の治療経験が豊富な日本医科大学武蔵小杉病院・腫瘍内科教授の勝俣範之氏は、私の取材に対して、医療者側の問題点を指摘します。

患者さんが科学的根拠に乏しい質問をしてくると、無下に否定してしまう医療者もいます。しかし、これではますます信頼関係が損なわれる。

がんの情報というのは、患者さんにとってうれしくないこともいわなければいけない。「治る」といってあげたいけどいえない。「治らない」といわなきゃいけないこともある。「転移しました」「再発しました」。これらも患者さんにとっては聞きたくない情報です。だからこそ、患者さんにはそのサポートが必要です。

医療者には、普段以上に繊細なコミュニケーションが求められるのです。残念ながら、そのことに気づいていない医師もいるということを、元医学生の私はよく知っています。だから、もし自分の担当医師にこのような意識がなさそうであれば、ためらわずにセカンドオピニオンを求めましょう。

もちろん、自分の担当医が高いコミュニケーション能力を持っていたとしても、セカンドオピニオンを求めることは健全なことです。その際は、「がん拠点病院」など、できるだけ専門性と社会的責任が大きいところでお願いするのがよいでしょう。

未だに「セカンドオピニオンには抵抗がある」という人もいると聞きます。しかし、5W2Hでも説明したように、情報を検証する材料は一つでも多いほうが正確性は高くなります。「先生（医師）に悪い」なんてことはありません。

5W2Hとコミュニケーションで医療デマを避けられるか

ここで紹介した5W2Hによって、日頃から、健康・医療情報を検証する目を養うこと。そして、いつかシロクロをはっきりさせなければならない日がきたら、その時点でもっとも確からしい情報に基づいて、医師とコミュニケーションをすること。私たちはこうすれば、医療デマから身を守ることができるはずです——理想としては。

もちろん、この基準によって、騙される人の数が減ることを、私は確信しています。しかし、私たちはそれでも、騙されてしまうことがあるのです。信じたいものを信じる傾向、科学的であることそのものへの反感、進歩するテクノロジー、そしてそれらを乗り越えられない古典的なリテラシー論……。

第四章では、それでも私たちが騙されてしまう背景について、踏み込んでいきます。

第四章

それでも私たちは、「医療デマ」に巻き込まれる

「医療デマ」を信じ込むのは、普通の人

ここまで、私は「健康になりたい人」と騙す人が生まれる構造と、それを防ぐ方法について説明してきました。しかし、それでも、医療や健康についてのウソや不正確な情報、医療デマを信じ込んでしまう人は、後を絶ちません。なぜ、人は医療デマを信じ込んでしまうのでしょうか。その理由は「私たちが人間だから」だと、私は思っています。

人には事情がある。感情がある。そこでは「正しい情報かどうか」の議論は意味をなさないのではないか――机上だけではなく、現場で医療デマに向き合っていると、私はそんなことをよく感じます。そのことに無力感を覚えることさえあります。

この章では、私たち人間というものの奥行き、幅広さについて、考えを深めていくことにします。

ウソや不正確な情報で家庭が崩壊

2017年6月、私の元にある男性（Xさんとします）から、情報が寄せられました。Xさんはウソや不正確な健康・医療情報が原因で、家庭が崩壊したといいます。ショッキングな内容だけに、慎重にXさんから事前の聞き取りをしました。Xさんはエピソードを話してくれただけでなく、それが事実であることを示す証拠もいくつか見せてくれました。私はXさんを信頼し、踏み込んだ取材をさせてもらうことになりました。

ウソや不正確な医療情報を世の中に広めているのって、本を売りたい出版社とか、悪徳クリニックだと、きっとみんな思っていますよね。でも、それだけじゃありません。被害者でもあり、加害者にもなるのは、身近にいる「普通の人」だということを、私は知ってもらいたいのです。

窓の外を見やってそう語るXさんは、現在40歳。かなり痩せていて、顔色も良くありません。元会社員で、今は無職だといいます。Xさんは3年前に、妻のYさんと離婚しました。小学校3年生になる娘さんとは、1年半以上、面会ができていません。

始まりはコーヒー浣腸

Yさんが健康法に手を出したのは、12年前。当時、結婚前だったXさんは、Yさんに「コーヒー浣腸」なる健康法をすすめられたそうです。コーヒー浣腸とは、器具を使って薄めたコーヒーを直腸内に流し込む行為。過去に流行した健康法ですが、エビデンスはありません。

そのときは、ちょっと変なのに手を出してしまったのかな、という感覚でした。彼女も、私が断ると、それ以上はすすめてこなかったので。

その後、XさんとYさんは結婚し、妊娠。ここでYさんは「自然なお産」という考え方を知り、強い興味を持ちます。当時、ちょうどインターネットが普及し始めていた頃で、Yさんは自らネットで情報を集めるようになりました。「水中出産をしたい」といい出しますが、それにはXさんが反対。同時に「ケーキはお乳が締まって出なくなるからダメ」

というように、食べ物の体に良い・悪いについて、書籍やネットの情報を鵜呑みにするようになります。

彼女は子どものためにと、白砂糖や牛乳、化学調味料などを使わなくなりました。「薬は毒」とする医師の主張を信じ込み、家族の服薬に反対するようにもなったのです。

Xさんは、子どもが生まれたときに、Yさんの口から発せられた言葉が衝撃的で、今でも忘れられない、と振り返ります。

彼女は「胎盤を食べたい」といいました。これもやはり、どこかで体に良いと聞いたのでしょう。出産直後で感動していただけに、驚きました。

「少しおかしいのではないか」と感じるようになったのは、この頃からだとXさんは語ります。しかし、「ここまでの問題になるという意識」は持っていなかったといいます。

違和感はあったのですが、健康に対して意識が高いのはいいことだ、と納得するようにしていました。お恥ずかしい話ですが、当時は私もリテラシー（情報の真偽を判断する力）が高いわけではありませんでした。それに、そもそも「身内を疑う」という発想が私にはなかったのです。

やがて忍び寄るマルチの影

離婚の数年前から、Yさんはマルチ商法にのめり込むように。きっかけは地域の民生委員で、「実はその人が地域のマルチの元締めだった」とXさんは証言します。「パートナーとして、Yさんを止めることはできなかったのでしょうか。例えば、ちゃんと根拠を集めて、Yさんが信じ込んでいるのは『医療デマだ』と証明するとか」と私が聞くと、Xさんは「彼女が信じている情報を否定すると、心を閉ざしてしまう」と、コミュニケーションの難しさを語ります。

マルチにはこのような情報を信じる仲間がたくさんいて、彼女はその人たちに「理解のない人を相手にするな」といわれていたようです。私のように彼女に正面から反対すると「真実を知らない人」と下に見て、バカにするような態度を取る。対等な関係ではなくなってしまったんです。

Yさんはこの頃、しばしば「価値観」という言葉を使うようになったそうです。

価値観が合う人と一緒にいることが大事。合わない人とは一緒にいないほうがいい。彼女は仲間にそうやってマインドコントロールされていきました。

そのうち、Yさんは書籍やネット、雑誌などから自分に都合のいい情報ばかりを集めるようになり、「自分で自分を洗脳して」いきました。Yさんは、自分にとって耳あたりの良い健康情報を自ら集め、その中に閉じこもっていきます。Xさんは耐えられなくなり、離婚を切り出したそうです。

時を同じくして、Xさんは医療デマ批判の書籍を読みました。「彼女のことだ」と感じ「オセロが黒から白に変わるよう」に、ガラガラと認識が変わったそうです。「目を覚まさせないと」と思い、1年半の調停中に、その本を送ったこともあります。しかし、効果はありませんでした。

Xさんは淡々と、その後のことを話してくれました。子どもの親権は母親のYさんに渡ったこと。Xさんと娘さんは2カ月に1回は面会する約束だったはずが、XさんとYさんの間でコミュニケーションが成立しなくなり、今はもう1年半以上、会っていないこと……。

Xさんも、Yさんの信じていることを否定するばかりだったわけではありません。離婚調停の前、対面でのコミュニケーションが取りにくくなった一時期、XさんとYさんはメールでやり取りをしていたそうです。Xさんはそこで、「キミが信じていることを自分にも教えてほしい」とYさんに歩み寄ります。すると、YさんはXさんに少しだけ心を開いたようでした。

私も見せてもらったYさんからのメールには、「自分の価値観を曲げられず」、Xさんに不愉快な思いをさせたことについて、「ごめんなさい」と述べるところから始まっていました。「洗濯物がなかったけれど、洗濯はできていますか」「生活はどうしていますか」など、Xさんを気づかう文面もあります。

しかし、健康や医療といった話題については、やはり頑なでした。例えば、「うつ病の人は栄養不足」「脳にたんぱく質がしっかりあると改善される」という説。エビデンスはありませんが、Yさんは「『うつ病　たんぱく質』と検索すると出てきます」と主張していました。

また、「図書館の本や助産院で得た知識」を、マルチの仲間が「みんな知っていた」ことから、マルチの側に「質の高い情報がある」と、信頼を深めたこともうかがえました。

満たされない承認欲求に、「医療デマ」が入り込む

Yさんのメールに並んでいたのは、科学より自分の感情を重視する、次のような言葉でした。

「プロテインは本当にすごいと思っています。飲んだらすぐにわかります」
「使ってみてやっぱりよかった。なるほどなと思いました。体感したんです」
「他社との比較とか、成分を細かく調べたりとか、しないですよ。（マルチ）をやっている人が好き！キレイ！パワフル！オッケー！やる！そんな感じです。」

Xさんは、離婚直後から睡眠導入剤を服用しているそうです。今でこそ落ち着いたものの、以前は「気が狂いそうだった」と振り返ります。

自分の稼いだお金を１００万も２００万もウソや不正確な情報のために使われて、働くのがバカバカしくなって、しばらくして会社も辞めてしまいました。

Xさんはしばらくの間、失業保険で食いつないでいたそうですが、今はそれもなくなり、最近バイトを始めたといいます。

Yさんについては今、どのように思っているのでしょうか。Xさんは「もともとは彼女は人が良く、誰にでも好かれるタイプ」と振り返ります。

でも、健康法にハマって、人が変わってしまった。一度、彼女が自分の友だちに「変だ」といわれたと、怒っていたことがあります。そのときはわからなかったけれど、おそらく健康法の話をしたのでしょう。周囲の理解を得られないからか、彼女はすぐにイライラするようになり、性格が豹変してしまいました。

なぜ、Yさんは健康法にハマってしまったのでしょうか。そのことについてXさんは、「彼女は肯定してほしかったんだと思います」といいました。

注意してあげる人がいればよかったのか……。いや、注意はしていたんです。今思えば、彼女はきっと、「そうだね」って肯定してほしかったんだと思います。

Xさんによると、Yさんは「肉親と死別」したり、「その後の家庭環境が複雑」になったりと、長らく人間関係の困難を抱えていました。愛情不足により、承認欲求が高まり、自己肯定感が下がる――そんなYさんの寂しさを埋めるように、「健康法やマルチが入り込んでしまった」とXさんは考えています。
しかし、寂しさであれば、夫であるXさんにも埋められたのでは――そう私がいうと、Xさんはしばらくためらった様子を見せ、次のように答えました。

健康法を信じることで、仲間からは「真実に気づいた」と絶対的に肯定してもらえるんです。彼女はそれを求めていたのかもしれません。同じ健康法を信じる人たちは団結力がある。やめさせようとする力より、抜けさせまいとする力のほうが強い。私はその前で無力でした。

さらに私が、「そのような人たちは、やはり、お金儲けのために人を食い物にしているのでしょうか?」と尋ねると、「それもあるでしょうが、それだけではないと思う」とXさん。

生きがいになっているんです。健康法の実践、伝道により、承認欲求が満たされ、自己肯定感が得られてしまうのだと思います。

命に関わらないからこそ深刻化

きっかけはコーヒー浣腸のように、メディアで取り上げられる奇抜な健康法の一つ。しかし、Xさんの家庭では、それがエスカレートしてしまいました。

がんの治療法がインチキなら、みんな指摘するでしょう。でも、白砂糖や牛乳、冷えとりくらいであれば、身の回りにも信じている人はいるはずです。夫婦そろってウソや不正確な情報にハマっている人もいます。自分がたまたまそっちにいかなかっただけ、と考えると、本当に怖いです。

取材から浮かび上がってきたのは、「信じたいものを信じたいように信じる」Yさんの姿。そこにエビデンスという考え方は、そもそも存在しません。

Yさんの事例からわかることは、ウソや不正確な医療情報を信じ込む人というのは、決して自分から遠く離れた人ではなく、自分が何気なく信じていることの延長線にいるということ。そして、命に関わらない些細なことだったからこそ、ここまで深刻なものになったということです。

科学的ならそれでいいのか？

Yさんのような言動を「非科学的である」と感じた方も多いでしょう。そして、自分は絶対Yさんのようにはならないとも。

しかし、ここで考えてみたいことがあります。私たちは科学的でなければいけないのでしょうか。科学的であることは、非科学的であることを責め立ててもいいほどの「正義」なのでしょうか。

誤解のないようにいっておくと、私は医学教育を受けた医学の徒であり、科学的な思考をする人間です。医療記者になるまでは、非科学的なものごとに対して「インチキ」「トンデモ」という言葉を使っていました。ところが、医療記者として、日々さまざまな医学的論争を目にするごとに、少しずつ考え方が変わっていったのです。

それは科学の言葉の限界に気づいたからなのかもしれません。どれだけエビデンスが強いといっても、「嫌だ」「怖い」という人に、無理やり何かを強制することはできるのでしょうか。

できないのです。できないから、科学的な人ほど、そのことに苦しみます。「なぜ、これほどまでに科学的に明らかなことが通じないのか」と。残念なことに、そうすると次第に、科学的であることに先鋭化する人が現れます。主張がどんどん極端になっていったり、その主張を理解しない人に攻撃的になっていったり。

これまでに繰り返し説明したように、健康・医療情報というのは複雑です。複雑なことを丁寧に伝えようとすると、伝わらない。単純で過激なウソのメッセージのほうが伝わってしまう。このことに無力感を持つのはまだいいほうです。本当に怖いのは、自分の主張もどんどん単純かつ過激になっていくこと……。こうして変質してしまった専門家の方を、私は何人も見てきました。

非科学的なことを信じ込んでいる人にも、理由があるものです。例えば、子どもがなんらかの薬を飲んで、たまたまごく稀な副作用が出てしまった、とか。そうなってしまった人たちに「その副作用が起きる確率は1%以下のもので、不運だっただけです」「社会全体として病気を防ぐためには、みんながその薬を飲んだほうがいい」といったところで、通じないでしょう。

なんの落ち度もない自分の子どもが被害を受けたのです。その事実は、その薬を飲むことに反対する理由としては十分でしょう。しかし、科学への信頼の強い人たちは、科学を有効なものとして考えて話します。その言動は、不運にも科学の恩恵にあずかれなかった人を傷つけてしまうのです。

この構造は実に複雑で、被害を受けた人が、今度は科学を信じる人たちを加害することがあります。自分たちはその人たちのいう、科学に傷つけられたのだ、と。そうなると被害者と加害者は逆転します。科学を信じる人たちには「自分たちは正しいのに（不当に）傷つけられた」という感覚が残るのです。

さらにやっかいなことに、科学の正当性が社会的に認められたとき、また被害と加害の立場が逆転します。さっきまで被害者だった科学を信じる人たちが「やっぱり自分たちが正しかったのだ」と、科学に傷つけられた人たちを再度傷つけるのです。

科学を信じるかどうかについて、どちらが良いとか、どちらが悪いとか、そんなことをいいたいわけではありません。私がいいたいのは、このままでは前に進むことはできないということです。

「誰も医療デマに騙されることのない世の中」を実現しようとするのであれば、科学の言葉が通じなくなる背景を理解しておかなければならないと、私は思いました。

新しいスピリチュアリティの誕生

非科学的な言説の中でも、特に最近、若年女性の間で広がっているのが「スピ（リチュアル）系」と呼ばれる情報です。例えば、「子宮を大事にすれば願いが叶う」と信じる「子宮系女子」や「子どもは親を選んで生まれ、胎内でも記憶がある」と唱える「胎内記憶」、前述のYさんのように「自然」とされるものを愛用する「自然派」など。

なぜ、人は科学的でない情報を信じるのでしょうか。バズフィード・ジャパン・メディィカルでは、医療とスピリチュアリティとの関わりについて長年研究してきた上智大学グリーフケア研究所所長の島薗進氏を取材し、話を聞いています。

先に指摘しておくと、島薗氏は科学に対して懐疑的な立場を取り、2011年3月11日の福島第一原発事故以降は、放射線の危険性を強く主張するなどして、科学的な立場を取る人から批判の多い人物です。同氏のあらゆる発言もまた、そのような経緯を考えたうえで、検証がなされるべきでしょう。

しかし、「科学の言葉が通じなくなる背景」というテーマにおいては、科学と異なる立場の意見を知ることなしに、対立は解消できないのではないか、と私は思っています。

島薗氏は宗教学者で、医療や生命科学の文脈で、スピリチュアリティという言葉を、中立的からやや肯定的に使います。

なぜかというと、島薗氏によれば、これは「新たなスピリチュアリティ」であり、現代社会を支配している科学的合理主義と伝統的な宗教のどちらにも行き詰まりを感じている人が、「自分の命や世界との関係を捉え直す手段」を模索していることにより、生まれたものだからです。

これは現代社会の『医療化』への抵抗の現れに見えます。あまりに生活が科学や医療に依存していて、自分や家族の身体のことなのに専門家の意見が絶対でそれに従わないといけないし、自分が排除されているような感覚を持っている。それに嫌気がさし、飽き飽きしているという面があると思います。
（出典：「スピリチュアル系」が医療・健康分野に広がるのはなぜか　「科学だけで人間は理解できない」）

島薗氏は、スピリチュアリティが医療の分野で注目され始めたのは、「欧米から10年遅れて始まった1970年代からのホスピス運動」がきっかけだと指摘します。

病院で死を迎える人や家族にとって、死は味気なく、人生の意味や情緒を無視して処理されているという感覚が強まりました。科学的な合理性だけでは救われない患者や家族の精神的、霊的なニーズに応えるために、スピリチュアルケアも含めた『死生学』が積極的に探求されるようになったのです。

行き詰まる科学

2000年代に入ってから広がり始めた、若年女性や母親らを対象としたスピリチュアル系も、この動きの一つだと島薗氏は指摘します。ここでも、強調されるのは科学文明の発展の行き詰まりです。地球温暖化、原発問題などが発生したことが、この新しいスピリチュアル系の一因になっている、といいます。

今の若い人は資本主義の発展の未来にあまり希望を持っていません。子育て中の母親は子供の未来や健康に敏感になりますからなおさらでしょう。代わる生き方を模索していますが、伝統的な宗教の束縛にはついていけない。そういう人たちにあらゆる形で選択肢が示されているのが今なのだと思います。

島薗氏には、近代化でかつて身の回りにあった「つながり」を失った人たちが、「胎内記憶」などの新しいスピリチュアル系に救いを求めているように見えるそうです。

前世でお母さんを選んで生まれてきたという語りは、70年代以降の新しいスピリチュアリティのテーマの一つと通じるものがあります。つまり、自分が辛いことにあったり、この世で苦しんだりするのは、前世や霊界で何かしらの意図があって、自分で選んできたことだと納得するための論理です。

現代人は家族とのつながりを非常に儚く感じていて、核家族化や少子化の影響で親しい家族の数が少ない。夫は仕事ばかりで、離婚も多いし、DVも虐待もある。狭い家族の中で諍いや対立があると、孤独に陥る。その中で自分を保つために、何かのつながりを持ちたいし、深い縁を自覚したい。そう島薗氏は主張します。

島薗氏によれば、「前世」や「胎内記憶」といったワードは、現実世界の儚い絆にこの世を超えたつながりを与えてくれるもの。一方で、医療技術の発展は続きます。胎児の先天的な病気を調べる「出生前検査」や、受精卵の段階で調べる「着床前検査」。パートナーがいない女性向けに「卵子凍結」する技術が広がりつつあるのが現状です。

若い時になかなか産めず、40歳間際になって不妊治療をしてもなかなか成功しない。不妊治療医は儲かり、お金はかかる。仕事もきつい。家庭も不安定化して、家族が揃って夕飯を食べるような安心して産み育てる環境も望めない。歳をとれば妊娠しにくくなるという正しい知識は伝えられないまま、医療技術は進んでいつまでも諦められない。女性が不安やストレスを感じるのは当然ではないでしょうか？

医療の暴走

さらに島薗氏は、「できるからといって、なんでもやっていいわけではない」と、現代医療の行き過ぎを強く否定します。

医学は、どこまで先端技術を現実に応用すべきかが決められなくなり、できることで利益になること、業績になることなら、なんでもしてしまう傾向があります。

医療が暴走していくことに漠然とした不安を抱く女性たちが、新しいスピリチュアルに向かっているのではないか――それが島薗氏の指摘です。スピ系の蔓延には、発展し、一般の人の理解を超えた医療に対して、「人間の体の自然を取り戻そう」とする志向が背景にあると、島薗氏は説明します。

生殖医療の発展による命の選別だけでなく、ｉＰＳ細胞やゲノム編集の研究が急速に進み、放っておくと何が起こるかわからないという危機に我々は直面しています。どうやって止めるかと考えても、止めようがない。原発事故もそうですが、科学が災厄をもたらす可能性を感じていることと、科学に対する警戒心はつながっています。

では、この溝を埋めるために何ができるのでしょうか。島薗氏は次のように論を進めます。

医療全体を社会がどういう風にコントロールしていくのか、倫理的な議論をどのように医療の中に含ませていくのかを考えなくてはなりません。医療で倫理というと、事故やスキャンダルを起こさないためのコンプライアンス（法令遵守）ばかりが話題になりますが、本来考えるべきはそれだけではありません。

人間の生活はどのようなものがいい生活なのか、それに対応する医療になっているのかを問い直すことが必要です。

科学だけでは救えない

島薗氏は取材を担当した記者に、別れ際「ＥＢＭ（エビデンスに基づいた医療）は大事ですが、ＥＢＭ一辺倒では人間を理解することはできません」といったそうです。「人間を理解」という言葉は抽象的ですが、私はこれを「科学の言葉だけでは人と人とのコミュニケーションは成立しない」という意味に受け取りました。

ここでふと、疑問に思ったことがあります。そもそも、なぜ、私は科学の言葉を信じているのか、と。

私が科学を信じる理由、それは、病気やケガを防ぐ、治すということについて、現時点でもっとも確からしい方法を示しているのが、科学だからです。一方、スピリチュアル的な方法で病気やケガを防ぐ、治すというのは、例えば異国の呪術のようなもので、偶然が積み重ならないと、とても難しい。

たとえるなら、広大な砂浜の中から、金の粒を見つけるために、どんなアプローチをするか、ということです。個人の直感や体験が功を奏することは稀でしょう。さまざまなテクノロジーやデータを基に、金の粒のありかを絞り込んだほうが見つけられる確率は高い。ただし、それでも見つからないことも、もちろんあります。

その意味で、非科学的であることは、誰かに被害を与え得るということを自覚しなければならないと、私は思います。報道で目にしたり耳にしたりする、がんになった芸能人が怪しい治療に傾倒していた、などは、まさにその典型例でしょう。また、島薗氏が引き合いに出した原発問題でも、放射線の危険をあおるような非科学的な言説が、福島県などの被災地に深刻な風評被害をもたらしていることは事実です。繰り返しになりますが、医療に限らずとも、デマは生活、そして命に関わるのです。

だから、私はその目的、つまり病気やケガを防ぎたい、治したい、という目的が一致する人に対して、科学的な見地に立って、医療記者としてアドバイスをしています。


一方で、医学の限界を迎えた先、スピリチュアリティが患者を救うこともある。科学側に立ちすぎると、このことを見落とし、いたずらに非科学的なものを否定しがちです。

しかし、この本でも説明したように、現状では医学は患者の要望を完全に叶えることはできません。そして、これからもできないでしょう。そう考えてみると、科学、そして時には科学的ではないものと折り合いをつけることが、健康になるためには必要なのではないか、という仮説が生まれます。

私個人としては、命に関わる選択では、できるだけ科学的であるほうが助かりやすくなる、と思います。

そして、そこにデマがあるのであれば、それは私も含めて科学の立場に立つ者として、しっかり検証されなければいけない、とも。

何が幸せなのかを他人が決めることはできないけれど、どうかこのことは、知っていてほしいと切に願います。ここで必要なのは、科学と非科学という二項対立的な分断を避け、コミュニケーションを図ることができるように、人と人とのつながりを残しておくことなのではないでしょうか。

現代特有のフィルターバブル問題

医療デマに対抗することは、内なる「信じたいものを信じたいように信じる」傾向に対抗することであるともいえるでしょう。

しかし、現代のメディア環境においては、このような傾向が、テクノロジーによりさらに加速してしまうことが懸念されているのです。これを専門用語でフィルターバブルと呼びます。

フィルターバブルというのは、例えばグーグルなどの検索サイトが、利用者が過去に検索した内容を基に、その利用者が好みそうな情報を表示することにより、知識や思想に偏りが生じることです。ここでいう「バブル」とは「皮膜」という意味で、気づかないうちに自分を取り巻く情報に皮膜ができていて、特定の情報しか入ってこなくなる、ということです。

もしかすると、グーグルが自分にカスタマイズされた情報を表示していることに、気づいていない方もいるかもしれませんね。自分が普段接している検索結果が、どれくらい基本の検索結果から変わっているのかを確かめるには、次のような方法があります。

それは、「プライベートブラウズ」「シークレットモード」など、検索履歴を残さずにウェブサイトを閲覧するときの検索結果と比較することです。この状態でグーグルを利用すると、検索履歴のデータがないわけですから、当然、基本の検索結果が表示されます。検索し慣れた言葉ほど、その差に驚くはずです。

検索サービスをあまり利用しない、という人も、ヤフーニュースやスマートニュースといったニュースアプリを利用したことがあるのではないでしょうか。ここでも、同じようなカスタマイズが働いています。ツイッターやフェイスブックでも、アルゴリズムによるおすすめが表示されています。

ここで、「自分に適した情報が表示されるなら、便利じゃないか。これのどこに問題があるというのか？」と思う方もいるかもしれません。

たしかに、便利ではあるのです。しかし、思い出してください。人には「信じたいことを信じたいように信じる」傾向があるのです。このことによって何が起きるのかというと、例えば「病気を薬に頼らずに治したい」と思う人の元には、「病気を薬に頼らずに治した」という情報ばかりが届いてしまう危険性があるのです。

ネット上の情報の特徴

話は少し逸れますが、既存メディアにはない、ネット上の情報の特徴というのがどんなものか、わかるでしょうか？

それは「効果測定性」「ハイスピード」「ローコスト」「パーソナルアプローチ」の４つです。

「効果測定性」とはつまり、「何回閲覧されたか」が数字で明確にわかるということです。テレビは視聴率、新聞や雑誌は部数で自分たちの影響力を把握しますが、これははたして正確な数字でしょうか。視聴率はサンプル調査ですし、部数がわかったとしても個々の記事がどれほど読まれたかはわかりません。

ネット上の情報が「ハイスピード」で「ローコスト」なのは自明でしょう。今や、スマホがあれば、目の前で起きたことを、一瞬で発信できます。印刷所も放送局も必要ありません。

そして、最後の「パーソナルアプローチ」というのが、フィルターバブルの原因として説明したカスタマイズのことです。ネットでは、利用者の個人情報や行動データを取得し、その利用者の好みに合った情報を表示することができます。

このような特徴により、今や既存メディアを脅かすようになったのが、ネットです。というよりも、これだけ便利なネットを、既存メディアが活用できていないのだと私は思います。ネットと比較すれば非効率になりつつあるとはいえ、印刷所や放送局の影響力はまだまだ強く、せっかくこういったシステムが稼働しているのであれば、切り捨ててしまうというのはもったいないことです。

こうしたネットの特徴は、フィルターバブルの例にもあるように、利用者にとって悪い方向にも働きます。

これを悪用しようとする騙す人がいたら、私たちはそれに抗うことができるのでしょうか。ここで、私が調査した小林製薬のネット広告の問題から、テクノロジーとの付き合い方を考えてみましょう。

ネット広告を巡る問題

ＷＥＬＱが問題になる前後、大手メーカーの小林製薬が、医療関係者やネットのマーケティングに詳しい人の間で、批判されていました。その理由は、同社のリスティング広告とリターゲティング広告。聞き慣れない方もいると思うので、簡単に説明しておきます。

リスティング広告（検索連動型広告）というのは、グーグルやヤフーなどの検索サービスにおいて、利用者があるキーワードで検索したときに、その検索結果に連動して表示される広告です。例えば、「二日酔い」と検索すると「頭痛薬」の広告が表示される、といったものです。

検索するという行動には、顕在化ニーズがあるといわれます。つまり、何かがほしいとか、何かをしたいとか、そういった欲求がわかりやすく表れているということです。二日酔いはつらいですよね。そこに頭痛薬を見せられたら、どうしますか。思わず注文してしまうかもしれませんね。

だからこそ、このような広告ビジネスが成り立ちます。検索サービスは、何も非営利で提供されているわけではありません。私たちは、検索すれば情報が表示される便利さと引き換えに、何かしら差し出しているのです。忘れられがちですが、これは本来、いまさらいうまでもない、ネットの基本です。

リスティング広告は、検索結果を示すページの目立つ場所、上下・右サイドなどに表示されます。小さな文字で「広告」と明記してありますが、意識したことがない方も多いことでしょう。あるキーワードについて、限られた枠数を複数の企業が入札（オークション）方式で獲得するため、企業はその広告文に工夫を凝らし、よりクリックされやすくしようとする傾向があります。

もう一方の、リターゲティング広告とはどんなものなのでしょうか。これは、自社サイトを訪問した利用者を追跡（リターゲティング）し、利用者が行く先々のサイトの広告枠に、自社の広告を表示させるシステムです。リターゲティング広告に対応したサイトを利用者が訪問すると、そのときの利用者の情報を基に、追跡が始まります。

ネットでは、あるサイトを訪問した利用者のうち、9割は商品の購買や会員登録などの行動をせずにサイトを離れるといわれています。商品を買ってもらうためには、接触回数を増やせばよいのではないか。このアイデアを実践に移したのがリターゲティング広告です。利用者に広告を見せる回数を増やすことで、行動を起こす可能性を高める目的で使われています。

たとえるなら、街をぶらぶらしているときに目に入る看板という看板に、一店舗目で自分が気になった商品の広告が毎回表示されているような感覚でしょうか。

このような広告は、ネットでは決して新しいものでもなく、ごく普通に使われています。みなさんも、検索サービスを使っているなら、それとは気づかずに、必ず見ているはずなのです。

さて、それではなぜ、小林製薬のリスティング広告と、リターゲティング広告は、厳しく批判されたのでしょうか。

小林製薬が批判された理由、それは、広告が「がん」などのキーワードで検索した利用者に表示され、かつ「がん」を強く意識させるものだったこと。そして、表示された広告というのが、がんを防ぐことも治すこともない健康食品「シイタゲン」のものだったからです。

「あきらめないあなたに」の悪質さ

「がん」というキーワードで検索する人の中には、当然、わらにもすがる思いのがん患者がいます。そのがん患者に、健康食品を売り込もうとする。それも、ネットの特徴を駆使した、非常に巧妙な方法で――このことに、心ある医療関係者たちや、ネットのマーケティングに詳しい人たちが、問題提起をしたのでした。

小林製薬の広告には、「がん　ばる人へ届けたい」という文言が表示されていました。よく見ると「がん」と「ばる」の間に半角スペースが入っていることがわかります。これは一体、どういうことなのでしょうか。

グーグルが認定するトップコントリビューター（グーグル上の広告運用をサポートする役割）であり、ネット広告の仕組みに詳しいハイパス株式会社代表取締役の小西一星氏は、私の取材に「この場合、広告運用担当者に〝がん〟（というキーワード）で（この広告を）表示させたい意図があることが推測できます」と回答します。

「広告テキストに含める文字列によって、狙った検索語句で広告が表示されやすくすることが可能です」と小西氏。広告枠を争うオークションの成否に関係する要素は複雑ですが、「検索語句と広告の文字列の関連性」は、低いよりは高いほうが有利になるため、テクニックとしてはよく用いられるそうです。

つまり、小林製薬側は「がん」と検索する人に、自分たちの健康食品が表示されやすいように、わざわざ「がんばるあなたに」というキャッチコピーを考案し、ご丁寧にも「がん」と「ばる」の間に半角スペースを挿入していた、ということです。非常に巧妙だということが、おわかりいただけるでしょうか。

この件について、広告システムが「がん」という単語を認識していたのか、実際のところはわかりません。

しかし、「がん ばる」の間にスペースを入れるのはあまりにも不自然で、「がん」という単語を印象づけたいとしか思えません。

では、リターゲティング広告はどうだったのでしょうか。

私も、「がん」関連のキーワードで検索した後、先程の「がん ばるあなたに」のリンクをクリックしてみたところ、今度は「あきらめないあなたに」というキャッチコピーとともに「帽子をかぶった女性」の写真とをあわせた広告が表示されました。

この「帽子をかぶった女性」というのは、医療関係者やがん治療の経験者の方であれば知っていることですが、がん患者のアイコンになり得るものです。というのも、がんの治療で抗がん剤を使ったときの主な副作用の一つに、脱毛があります。それを隠すために、病院の売店では、帽子が売られていることも多いのです。

「あきらめないあなたに」というコピーと、わかる人にはわかる「がん患者のアイコン」の写真。私は一回でとても不快な気分になりましたが、これはリターゲティング広告です。一度ターゲティングされてしまった人たちは、これから何度も、この広告に追跡されるのです。

広告枠が多いサイトでは、同時に10カ所にこのリターゲティング広告が表示されることさえありました。

倫理的なルールはない

この「シイタゲン」という商品は、栄養補助食品、つまり健康食品です。一部の例外を除き、いわゆる健康食品には、医薬品であると誤認されるような効果効能を表示・広告することはできないということは、すでに何度か説明しました。では、このような方法で、健康食品を「がん」と結びつけることに問題はないのでしょうか。

個別の広告が薬機法に抵触するかどうかを判断するのは、都道府県の薬務課です。東京都は公式サイトで「ガンに効く」や「疲労回復」など、薬機法上問題になり得る表現の事例をまとめています。都の薬務課担当者は、私の取材に、広告には病名を記載することはできないとまず回答しました。

医薬品の定義の一つには「人の疾病の診断・治療もしくは予防に使用される」というものがあります。

規制は表現が明示的・暗示的かにかかわらず適用されており、病名は効果効能を暗示するものとされています。

この広告自体には「がん」という病名はありませんでした。しかし、テクノロジーの発達と、リスティング広告やリターゲティング広告などの手法を用いることで、栄養補助食品と「がん」を結びつけることができてしまうのです。

このような広告について、厚労省の医薬・生活衛生局の監視指導・麻薬対策課担当者は把握しているのか、尋ねてみました。

同担当者は、判断はあくまで個別の事例に対しておこなわれるとしたうえで、問題のある広告の存在を把握しているとし、次のように見解を示しました。

一部のネット広告にはグレーなものもあります。広告内容の書き方次第ではありますが、場合によっては不適正事例として指導が入ることはあり得ます。

実際に個別の事例を判断する東京都のサイバー監視担当者は、「新しいネットの広告手法は再現性に乏しく検証が難しい」といいます。

再現性に乏しいというのは、これらの広告は高度にパーソナライズされているので、同じ広告を他の人が見ることができなかったり、同じ人でももう一度見ることができなかったりする、ということです。

しかし、都としても問題は把握しているそうで、気になる広告があれば、「各都道府県の薬務課に情報提供をしてほしい」と回答してくれました。

規制が追いつかないこうした現状において、問われるのはメーカー各社の倫理観でしょう。利用者側は「がん」を意識せざるを得ない広告ですが、小林製薬の広報担当者は、私の取材に「がん患者のみを対象にした広告ではない」と回答しました。「がんばる」の間にスペースが入っていて、「帽子をかぶった女性」の写真を使っているにもかかわらず。

同担当者は、さらに、広告内容については「弊社と代理店・制作会社が共同で制作したもの」で、「公開にあたっては、すべて社内のチェックを経ている」と明言しました。では一体、小林製薬内ではどのようなチェックがなされ、この広告が配信されたのでしょうか。

担当者の回答は「法律に抵触しないためのルールはあるが、倫理的なルールは明確にはない」「弊社と代理店・制作会社が都度、話し合って決めているのが実情」というものでした。広告の内容への医療関係者などからの批判については、「社として把握していない」ということでした。

いくつか、代表的な批判をとりまとめて担当者に紹介すると、後日、こんな連絡が入りました。

批判のあった広告内容については今後、見直しを検討し、信頼性向上に努めさせていただきます。

しかし、私の取材後も、シイタゲンのリスティング広告や、リターゲティング広告自体は、相変わらず続いています。

「賢くなれ」だけでは変わらない

情報の正確性を判断する力をメディアリテラシーと呼びます。「リテラシーを身につけよう」という言葉を聞いたことがある人もいるでしょう。しかし、このように呼びかけることで、状況は本当に改善されるのでしょうか。

心の隙間を埋めてくれる医療デマにのめり込んでしまったYさん。科学の限界に寄り添う新しいスピリチュアリティ。新たなテクノロジーを悪用し、次々と手を替え品を替え私たちを騙そうとする一部の企業。私には、「リテラシーを身につけよう」という、しばしば科学の側から出てくる標語には、限界があるように思えてなりません。

実は、私には、この「リテラシーを身につけよう」という言葉に、ある思い出がありま す。WELQ問題を指摘したばかりの頃、ジャーナリストを対象とした「ジャーナリズム・イノベーション・アワード」というイベントでポスター発表をしていたときのことです。ある来場者に、こんなことをいわれました。

リテラシーがメディアの発展に追いついたことは、未だかつてない。あなたがやっていることは、ただの自己満足だ。

そこで発表していたのは、WELQ問題の経緯と、第三章で紹介した「5W2H」の簡易バージョンのようなものでした。

その来場者はその後、私に対して、情報の受け手に期待しても効果がないから、メディア側を規制するべきだとの持論を展開しました。これに対して私は、受け手に期待しても効果がないなんて、暴言であり、奢りではないか、そう感じました。そのとき私は医療記者になる前。現場を知らない状態でした。たしかに、5W2Hを呼びかけるだけでは効果に乏しいと、今の私は思います。

しかし、昔も今も、その来場者の方について許せないことがあります。それは、帰り際に差し出されたその方の名刺の肩書に「文部科学省」とあったことです。

「科学や教育に関わるあなた方が諦めたら、終わりではないか」——私はそう思ったのです。そして、「私は諦めない」とも。以来、どうやって、このリテラシーを高めるかが、私のテーマにもなっています。

第四章の最後に、この、リテラシーというやっかいな言葉について、考えてみたいと思います。

古典的リテラシーには限界がある

もやもやした気持ちの中、私は一人の研究者に話を聞きに行きました。社会学者として情報と政治に関する研究をしている、メディアリテラシーにも詳しい東京工業大学リベラルアーツ研究教育院／環境・社会理工学院准教授の西田亮介氏です。なぜ、西田氏だったのかというと、氏もまた、「『賢くなれ』だけでは変わらない」と主張していたからです。文科省の人すら諦めているこの状況をなんとか打破したい。その糸口が見つかるのではないか。そう考えて臨んだ取材は、結果的に大成功でした。

「情報の受け手に『リテラシーを身につけよう』、平たくいえば『賢くなれ』と働きかけることには、限界がある」と西田氏は語ります。

西田氏は、従来のメディアリテラシーの考え方について、イギリスの研究者であるスチュアート・ホールの理論を例に、次のように説明します。

古典的なメディアリテラシーの考え方によると、メディアは複数の政治的意図や商業的意図の影響を受けるため、その情報を疑い、自分の身を守ることが推奨されてきました。政治は自分たちの支持を集めるように誘導、動員し、企業は商品が売れるようにプロモーションする。その意図を情報の受け手が気がつかないようにコンテンツに埋め込みたいという欲望を抱え、少なからず実践しています。

このことをスチュアートはエンコーディング（符号化）といいました。だから、情報の受け手はそれを適切にデコーディング（復元）しなければ消費者利益に叶わないというわけです。現在のメディア・リテラシー教育もこのような考え方に起因します。しかし、現代においては、理念として共感できるものの、実践的にはかなり難しいでしょう。

西田氏はその理由として、「ネットの発展と普及により、情報量が激増したこと」「スマートフォンなどの普及により、情報との接触頻度も激増したこと」「その一方で、メディアに対する人々の信頼（特にマスメディア）は急落したこと」の3つを指摘します。

総務省の『平成27年度版 情報通信白書』によれば、情報の流通量はこの10年で9倍になっています。そして、自分を振り返ってみても、私たちは24時間365日、スマホを通して情報にアクセスする生活を送っています。朝刊と夕刊、朝晩のニュース番組しか情報源がなかった時代と比べれば、状況が大きく変わっているのです。従来のメディアリテラシー論にはもちろん共感しますが、これらすべてを疑え、調べろ、比べろ、ということには、現実的に無理があるのではないでしょうか。

西田氏はさらに「『賢くなれ』といわれても、賢くなるインセンティブ（動機）があるかというと、あまりないのでは」とも指摘します。

疑う、調べる、比べるという行為は重要ですが、簡単にいえば疲れます。賢くなるためのコストをこの社会で多くの人が払えるか、払うかというと、期待薄に思えます。仕事は終わらないし、そんな時間があるなら睡眠を取りたいというのが人情ではないでしょうか。

そして、仮に疑ってみても、報われたという感覚や手応えを持ちにくいという課題も残ります。ウソじゃなければプラスマイナスゼロ、ウソだったら「騙されなかった」という意味ではプラスかもしれませんが、身の回りにウソもたくさんあるだけに、徒労感も湧くはずです。

西田氏は「もちろん、これが望ましい状況かといえば、そんなことはない」と強調します。しかし、このような状況が現実としてある以上、「リテラシーを身につけよう」「賢くなれ」と働きかけ、情報の受け手の努力を求めるだけでは、実効性に乏しいといえるでしょう。

西田氏は、「このようなメッセージはポジティブに聞こえるがゆえに、それ以上の対策を阻んでしまうこともあり得る」と警鐘を鳴らします。

個々人にとっては、疑うとか調べるとか比べるという行為は、報われるかわからず、コストの持ち出しといえます。

しかし、世の中にはあえてそれを本業、生業としてきた仕事があって、それこそがまさにジャーナリズムでしょう。人々に疑い、調べ、比べる余裕がないなら、人々に代わってそれをおこない、権力や企業をチェックする中間的な、そして生活者の代理人のような存在だということは、歴史が物語っています。

「信頼できると思われていること」の大切さ

情報の氾濫の中で道しるべとなるはずのジャーナリズム。しかし、西田氏は、これまで信頼できる情報源とされてきたマスメディア、「特に新聞に対する人々の信頼感が急落している」ことにも、注意するべきだといいます。この「信頼感」というのが、実はジャーナリズムの生命線なのです。

ジャーナリズムが機能するためには、「信頼できる」ことは当然として、同時に「信頼できると思われている」ことが必要です。

「メディアとしての将来性が、相当な程度、危ぶまれているといってもよい」と西田氏。信頼できると思われていないと、読んでもらうことすらできません。読まれなければ、どんなに正しい、信頼できる情報が書いてあっても、ジャーナリズムとしても、メディアとしても機能しません。

今や、テレビもまた、視聴率低下が度々話題になり、「テレビの情報は嘘ばかり」というまさに真偽不明な俗説を信じ込んでいる人もいます。主流だったメディアの影響力が、続々と低下しているのが現状です。

そのため、実際に「信頼できる」かどうか以前の、「信頼できると思われている」という、ジャーナリズムが機能するための前提条件がなくなってしまっている、というのが西田氏の見解です。この前提条件がなくなると、非常に深刻な状況が訪れます。

受け手が情報を疑おうとしても、根拠となる情報と、情報源になるはずのメディアも信頼できず、何を信頼していいのかわからないのです。

西田氏は「受け皿となる可能性があるのは、当然ネット。利用状況を念頭に置くと、看過することも無視することもできるはずがない」と話します。

しかし、ネットに信頼できるジャーナリズムがあるのか、あり得るのかについては、西田氏は懐疑的です。

年配の人の中には、根強くネットの情報を信頼できないと考える人もいます。ネットメディアでの調査報道の取り組みを日本でも見るようになりましたが、プラットフォームはともかく個々の媒体の認知度や社会的な信頼感となると課題が残り、また運営も安定的とはいえません。

これらの課題を乗り越え、たしかにメディアビジネスとジャーナリズムを両立していると認知されたネットメディアは、それほど多くはないように思えます。

そもそも人間には「信じたいものを信じる」傾向があります。トランプ大統領誕生で注目された「ポスト・トゥルース」、つまり「客観的事実」が重視されず、感情に訴えかけるようにエンコーディングされた情報が流通し、社会が混乱する政治状況というのは、まさにそれを象徴しているのです。

自浄作用が機能する状況を作る

西田氏は、「騙されない」ためには、「現代のメディアの事情を把握しておくことがひとまずのスタート」と語ります。

「予見可能性」といっていますが、人間はある程度、先が見えないと、安心して行動できません。信じたいものを信じて、安心しようとする。実際には何がウソで、何がウソじゃないかも、簡単にはわからない。だからこそ、このような傾向が自分や社会にあることを認めたうえで、できる範囲で「疑う」「調べる」「比べる」をおこなうしかありません。そうやって、いったんは信じるべきものを選ぶ。しかしそれを過信せず、「違うかもしれない」と思えばいったん立ち止まってみたり、方向転換したりするのはどうでしょう。

このように話しながらも、西田氏は「言うは易く行うは難し」と付け加えるのを忘れません。

「言うは易く行うは難し」――この言葉は「リテラシー」についての状況を、非常によくいい表していいます。

頭ではわかっているけれど、さまざまな事情により、実行できないのです。
私たちは、容易に騙される人を生み出しかねないメディアを取り巻くこの状況を、諦めて受け入れるしかないのでしょうか。
西田氏の話には続きがあります。メディアがどこも信じられなくなっている時代に、ある程度の信頼性を担保するのは、「関連する多様なステイクホルダー（利害関係者）で構成される機関などを通じた、相互チェックによる緊張関係ではないか」と論を進めます。

情報に対してもっとも影響力があるのは、権力による規制です。2017年には座間でツイッターに「死にたい」と書き込んだ方を狙ったと見られる殺人事件が起き、政府がツイッターの規制を検討していると報じられました。しかし、このような規制は、企業にとっても、利用者である生活者にとっても、あまりうれしくないものです。

このように、政府などの公的権力による直接の規制を抑止力にしながら、第三者機関を通じて、ネットにおいてメディアの自浄作用が機能する状況を作る――これが、西田氏の考える、実効性のあるウソや不正確な情報の防ぎ方です。既存メディアにおいて、社会的信頼や安全性を担保することを目的とした第三者機関には、例えばテレビ業界の放送倫理委員会（BPO）があります。テレビの放送内容に誤りなどがあれば、BPOが指摘。放送各社は基本的に、その内容を受け入れ、修正する、というものです。このような組織は、今はまだ、ネットにはありません。

ジャーナリズムの役割は従来、「権力の監視」とされてきました。今後、メディアは行政や企業などの大権力の監視を続けながら、メディアもまた一つの権力として、メディア同士でお互いの情報が公正かをチェックする必要がある。生活者もメディアを通じた情報を享受するだけでなく、メディアや行政、企業が暴走しないように、一定の関心を持つ必要がある。このように、行政や企業、メディア、権力者がそれぞれ、お互いが公正にその役割を果たしているかどうかを、チェックする。これが、西田氏の定義する「相互監視」です。

西田氏は「公正さが相対的なものである以上、このようなアプローチがより重視されるのではないか」と話します。
そして、この考え方こそが、私が西田氏の取材をして「大成功」だと思った理由です。私は、この相互監視が機能した事例を、すでに知っていたからです。

相互監視を機能させるには

相互監視が機能して、メディアの自浄作用が機能した事例。もう、おわかりですよね。そう、ＷＥＬＱ問題です。おさらいになりますが、ＷＥＬＱ問題が大きく動いた理由の一つは、おときた駿都議会議員が都に問題を報告し、都がディー・エヌ・エーを呼び出したからでした。結果、同社はＷＥＬＱを閉鎖することにしました。これはまさに、行政により介入されるという、直接的な規制を警戒した状況でしょう。

この自浄作用が働いたきっかけは、私や専門家、ネットメディアが発した声でした。つまり、相互監視という新しいジャーナリズムはすでに十分、機能するはずのものなのです。グーグルのアップデートはこの取材の後に実施されたものですが、これも相互監視の結果といえます。ネット利用者が、グーグルに対して問題を指摘し続けていたからです。グーグルにとって利用者は「客」であるわけですから、その意見は無視できないはずです。状況が放置されてしまうとしたら、それは誰も声を上げていなかったということです。

声を上げること。これこそが、西田氏の提唱する「相互監視」を機能させるための、そして誰にでもできる方法だと、私は気づいたのです。

だからこそ、私はここまで、声を上げる前に知っておくべき、私たちを取り巻く環境とその変化について説明し、情報を検証する方法を紹介したのです。

第五章では、今後、私たちの社会がどうなっていくのかという簡単な予想と、実際にどのように声を上げたらいいのかについて、提案したいと思います。

第五章

ネット時代の医療情報との付き合い方

私がこの本を書いたのは「誰も医療デマに騙されることのない世の中」を作るためです。そして、その実現の大きな推進力となるのは、私たちが「声を上げること」。

これは、WELQ問題をきっかけに起きたネットの自浄作用について深く考えていないと、つまり、WELQ問題を一企業、ネットの問題に矮小化してしまっていては、気づけないことでした。

しかし、いくら声を上げることが重要だといわれても、実際にどうすればいいのか、よくわかりませんよね。本書の締めくくりとして、WELQ問題後のメディア状況がどうなっているか、その中で私たちにどのような具体的アクションが可能なのか、それがどのようにして社会の役に立ち、「誰も医療デマに騙されることのない世の中」に近づいていけるのか、を考えていきます。

正しい医療情報へのネットの追い風

検索上位に信頼できるウェブサイトが

第二章で、２０１７年12月6日に、ネット上で革命が起きたとして、グーグルのアップデートを紹介しました。これによって、問題となっていたウェブメディアの記事が軒並み順位を下げ、大手報道機関や大学・公的機関、製薬会社、医療機関のサイトが上位にくるようになったのでした。

検索上位がどのような顔ぶれになったのか、はたしてそれらは信頼に足るサイトになったのかを、見てみましょう。

例として、「胃がん」という病名を、アップデート後のグーグルで検索してみることにします（注：これは、２０１８年1月時点での結果であり、検索は常に変動します。また、パーソナライズされていない状態での検索順位となっています）。

かつて、このキーワードの1位はＷＥＬＱでしたが、今は国内最高レベルのがんの研究機関である、国立がん研究センターのページが表示されるようになっています。

2位と3位はオリンパス。カメラのイメージが強いかもしれませんが、その技術を応用した胃カメラなどを製造する、医療機器メーカーでもあります。

4位はがん研有明病院。運営の公益財団法人がん研究会は国立がん研究センターと並ぶ、日本屈指のがん治療の研究機関です。5位は愛知県がんセンター中央病院という公的病院。6位は「がん治療．ｃｏｍ」というサイト、7位は日本医師会のがん検診についてのサイト。8位はウィキペディア、9位がシオノギ製薬です。

これら検索上位のサイトを、5W2Hでチェックしてみましょう。まず、専門性の面で疑問があるのは8位のウィキペディア。ウィキペディアは専門家が項目を作成していることもあるので、完全に信頼できないものであるとはいえませんが、誰が項目を作成したのかわからず、玉石混交であるのは事実です。２０１４年と古い調査ですが、ウィキペディアの医療情報の9割になんらかの問題があった、という報告もあります。そのため、健康・医療情報については、他に見るべきサイトがあるようなら、あえておすすめはしません。まさに見る目を養ったうえで自己責任でというサイトです。

社会的責任のある公的機関は1位・4位・5位・7位に登場したものです。その意味で、参照して間違いがなさそうなのは1位の国立がんセンター、4位のがん研有明病院、5位の愛知県がんセンター中央病院、7位の日本医師会である、と私なら判断します。

ただし、民間企業だからといって、信頼できないわけではありません。特に、ここで上位に出てきたオリンパスやシオノギ製薬は、東証一部上場の歴史ある有名企業です。そのため、公開している情報にウソや不正確な情報があったときの社会的責任は大きなものになるでしょう。また、これらの企業は商業メディアではないため、情報提供により、直接的な利益を得ることを目的としているとは考えにくいでしょう。イメージアップなど、間接的な利益のために情報提供をしているものと予測できます。このような民間企業は、資金が潤沢なことから、読みやすい文章にしたり、デザインに工夫を凝らしたりすることもできるでしょう。

この時点では判断がつかないのは、6位の「がん治療．ｃｏｍ」です。このサイトは、グーグルの検索結果ページからだと、運営の主体がどこなのかわかりません。クリックしてページを一読しても、やはりわかりません。「このサイトについて」をクリックして初めて、次のような記載を発見できました。

がん治療.ｃｏｍの運営はＧＨ株式会社で行っております。運営はスポンサー広告費で行っています。

たしかに、よくよく見ると広告が多いことに気づきます。情報は医師・医療従事者によるもの、という記載はありますが、その氏名などは明かされていません。もちろん、内容に誤りがないかどうかは、専門家のチェックを受けないと確たることはいえないのですが、5Ｗ2Ｈがしっかりしていない時点で、見るべき順位は落ちます。

総じて、「病名」での検索結果の1ページ目には、信頼できそうなサイトが多いと私は感じています。

ＵＧＣの順位を下げたヤフー

このような流れの中で、もう一つの検索サービスも変わりました。実は、グーグルのアップデート後、国内に多数の利用者を抱えるもう一つの検索サービスであるヤフー検索に、専門家の注目が集まっていました。

このヤフー検索、ベースはグーグルのシステムを使っていることを知っていますか。ヤフーは現在、自社で検索サービスを開発していません。実は、グーグルのシステムに乗り入れているのです。そのため、今回のグーグルのアップデートで、ヤフー検索の結果も、変化しているはずでした。ただし、ヤフー検索には独自機能もあります。その独自機能に専門家の注目が、正確には、批判が集まっていたのです。

ヤフー検索が批判されたのは、ヤフー知恵袋やNAVERまとめなどのUGCを、目を引く位置に表示するようにしていたことです。

もちろん、「がん」などの命に関わるキーワードに対しても、UGCを優先的に扱っていました。グーグルのアップデート後、健康・医療情報については、ヤフー知恵袋やNAVERまとめは大きく順位を下げたのですが、ヤフー検索では上位に表示され続けていたのです。

WELQで問題視されたのも「非専門家が作成した質の低い記事」が上位に表示されることだったはずです。それでもなお、UGCを優先的に表示するというのは、今の検索の流れに逆行することなのでは——。

ヤフーの広報担当者は、私の取材に対して、「UGCの品質や信頼性には課題もある」と認めます。

しかし、そのうえで「中には利用者にとって、その特性ならではの有用な情報がある」と説明します。例えば、入院や看護のときの体験談や、患者・家族・第三者の目線による悩みや不安の共有、そのことによる共感など、「医療従事者以外の目線による情報が、利用者を救うこともある、と考えています」といいます。たしかに、グーグルのアップデートによって、このような情報が見つけにくくなり不便だという声が、患者側から出てきています。

このような理由から、ヤフー知恵袋は2009年1月から、NAVERまとめは2013年7月から、ヤフー検索結果に優先的に表示されてきました。しかし、幸いなことに、この方針は、グーグルのアップデートを機に転換されつつあるようです。担当者はさらに次のように回答しました。

――ヤフー検索では、医療・健康領域における検索結果が与える影響を重く受け止め、――

さまざまな観点から改善に向けた検討や施策をおこなっています。ヤフー知恵袋やNAVERまとめの表示においても、不適切な掲出を抑止するための検討や取り組みをしてきました。

特に、ヤフー知恵袋については、医療・健康関連のキーワード、例えば「病名」「治療」「症状」などでは、2017年12月から「ヤフー知恵袋を検索結果に表示しない形になっている」といいます。これもまた、専門家らの声がサービス提供者に届いた自浄作用の例といえます。

社会的責任のある機関との連携

「胃がん」の検索結果で1位でもある国立がん研究センターは、2006年から10年以上「がん情報サービス」というサイトを運営し、患者・医療関係者向けの情報提供を続けてきました。以前から医療関係者を中心に知られていましたが、今回のアップデートでさらに光が当たった形です。

同サイトの情報は、同センター内のがん対策情報センターが提供するもの。各分野の複数の専門家らによって公開内容を評価されることでも、信頼性を担保しています。「国民が正しい情報に基づいて、適切な意思決定をできること」を目的とした、非営利のサイトです。

同センター長の若尾文彦氏は、私の取材に対し、「（2017年〔著者注〕）12月6日から、アクセスがおよそ2倍」「過去最高レベルのアクセス数が継続されている」と明かします。アップデート前は1日平均10万回ほどだったアクセス数は、1日平均18万回に。12月のアクセス数は過去最高の470万回だったそうです。この結果に喜びながらも、若尾氏は、検索エンジンによる医療情報の検索に、以前から問題意識があったといいます。

検索エンジンを使う方が増える中、そこには広告や誤りを含む情報が多く、多くの方が適切ではない治療を選択してしまう。

「これを解決することが、喫緊の課題」と考えていたものの、大きな資金によるSEOや広告には「手の出しようがなかった」と若尾氏。そんな状況に変化の兆しがあったのはグ

ーグルのアップデートの9カ月前、2017年3月でした。ヤフーが、同センターに連携の提案をしてきたのです。これはちょうど、WELQ問題後のタイミングでした。

ヤフー検索は2018年1月30日、国立がん研究センターとの連携を発表しました。連携により、スマホ版ヤフー検索の検索結果画面には、がん研究センターの記事を基に、病気の概要や症状、原因などがまとめて表示されるようになりました（対象となるキーワードは各種がんの病名などです）。その後、2月27日にはPC版・タブレット版にも対応が拡大されています。

また、今回の取り組みでは、「検索する利用者が必ずしも正確・正式な病名で検索するとは限らない」という問題にも対応したといいます。

例えば「白血病」には「急性前骨髄球性白血病」「リンパ芽球性リンパ腫」など、関連する病名が多数あります。そこで、利用者が、それらすべてをひとくくりにして「白血病」と検索することを予想し、国立がん研究センター側で作成した「白血病の分類」のガイドページを表示するようにしています。

第二章でも登場したSEO専門家の辻氏は、国立がん研究センターとヤフーの連携をこう評価します。

グーグルは数年前からアメリカで同様の表示をしていますが、日本では展開できていません。ヤフーがそれを日本独自で、信頼できる機関と連携して実施したこと、表示が収益のある広告の上であることは、すばらしいと思います。願わくば現在、病名や病名×症状に限られているキーワードの種類がもっと増えれば。

ネット上の医療情報、今後の課題は

多くの方が「字引き」として使う検索サービスにおいて、「病名」で検索したとき、目につく位置に医療デマが並ぶという状況は、大きく改善されました。今後の課題は、どこまでのキーワードに対応するのかになるでしょう。

グーグルにしろ、ヤフーにしろ、2018年1月現在では「症状」単独での検索結果にはまだ問題があると、私は考えます。「症状」というのは、例えば「胃が痛い」「腹が痛い」などが当たります。このような比較的軽症の症状のキーワードで検索をすると、「病名」のときほどには信頼性の高いサイトが並んできません。これは、そもそも、医療機関のウェブサイトに、症状についてのページが少ないことが理由です。

医療機関は、病気について説明することはできますが、症状から病気の候補を推定するようなことには、あまり積極的ではありません。誠実であるほど、医療は不確実なものだということに自覚的ですから、直接診察してもいない人に「あなたはこの病気かもしれない」と伝えることは避けたいのです。

そうすると、ネット上に公的機関によるこのような情報が少なくなります。グーグルがいくら専門性を重視するといっても、ないものは検索結果に出せません。しかし、私たちが知りたいのは、まさにそこです。だからこそ、メディアや個人が情報を発信することになります。

そしてまた生じるのが、検索エンジンのジレンマ。信頼性を重視しすぎると有益な情報が表示されなくなり、利用者の要望を重視しすぎると問題のある情報が表示される、歯がゆい状況です。このことは、検索サービスの構造的な問題なので、完ぺきに解決されることはないでしょう。

また、引き続き大きな問題なのは、広告です。いくらグーグルが検索結果の信頼性を向上させても、その上や下、横などの目を引く位置に、ウソや不正確な情報に基づく広告を表示させてしまったら、元も子もありません。グーグルが広告を表示していることにすら気づいていない人は、決して、少なくないのです。

さらに指摘しておかなければならないのは、検索だけがネット情報へのアプローチ方法ではないということです。情報が流通する場としては、フェイスブックやツイッター、インスタグラムなどのSNSも重要です。こういったSNS上では、検索サービスがおこなったような一律の対策はできません。芸能人もいれば、専門家もいれば、テレビ、新聞、ネットメディア、素人もいる……。こんな中で「誰が信頼できるか」を考えるというのは、もはや現実世界で「誰が信頼できるか」を考えるのと同じことです。それがいかに難しいことかは、ここまで説明してきたとおりです。

例えば、2017年8月、私は複数の芸能人らが「ビタミンCが吸引できて体にいい」などと宣伝した商品を検証しました。専門家は私の取材に、ビタミンCの吸引が「体にいい」と謳うことに根拠はなく、安全性も不明であることを指摘しています。

販売元を取材してみると「体にいい」というデータがそもそもないばかりか、この宣伝はステマだったことが発覚しました。しかし、ステマに協力した芸能人のファンにとってみれば、その芸能人が「体にいい」といっているのであれば、科学的であるかどうかにかかわらずそれを信じてしまうはずです。科学的であることは正義ではありませんし、私たちがいつも合理的な選択をできるとも限らないのですから。

振り返ってみると、WELQ問題で指摘されたような「ネット特有」の問題というのは、ネット特有であるが故に、改善可能でもあることがわかります。

残るのは結局、健康になりたい人を騙す人がいるという構造。ネットの追い風を受けながら、私たちはこの構造に向き合わなければならないのです。

規制強化というリアルの追い風

ネット上には、正しい情報の提供に向けた追い風が吹いています。この追い風は、医療デマを私たちの目から遠ざけるように作用するものです。そもそも、医療デマを排除するためにはどうしたらいいでしょうか。

その方法の一つに、規制があります。規制の種類は、法令に基づいて遵守事項を徹底させる直接的な規制（直接規制）と、ＢＰＯのように関係者間の合意に基づく自主的な規制（自主規制）に分かれます。そして今、この二つの規制のどちらについても、状況は実は、情報の受け手に有利になりつつあるのです。

強まる直接規制

医療広告に対する直接規制の代表的なものに、医療法というものがあります。これは、ウソや大げさな広告により、患者が適切な受診機会を失ったり、不適切な医療を受けたりする恐れがあるとして制定されたものです。厚労省医政局の担当者は医療に関する広告が規制される理由を、私の取材に対してこう回答します。

医療は人の生命・身体に関わるサービスです。不当な広告により一般の方が誘引され、不適当なサービスを受けた場合の被害は、他の分野に比べ著しいと考えられます。また、医療は極めて専門性の高いサービスでもあります。広告を見る側に医学知識がないと、提供されるサービスの質を事前に判断することが非常に困難です。

つい最近まで、医療機関のウェブサイトというのは、事実上の無法地帯になっていました。というのも、それらは従来の医療広告とは異なり、患者が「能動的」に情報に接するものだから。これまでは、テレビＣＭや看板、折り込み広告など、内容に興味がなくても「受動的」に目に飛び込んでくるものについては規制の必要がある、という考え方だったのです。

つまり、この考え方からすると、患者が自ら情報を求めて能動的にたどり着くウェブサイトは、規制の対象外ということになります。しかし、美容医療サービスについて消費者トラブルの相談件数が増加していることなどから、２０１７年６月に成立した改正医療法で、ウェブサイトも規制の対象になることが決定しました。

２０１８年１月現在、厚労省では、改正された医療法の施行に向けて、新ガイドラインの内容を検討しています。

その議論の中で、患者の受診などを誘引する意図があること、医業もしくは歯科医業を提供する者の氏名・病院などの名称が特定可能であること、一般の人が認知できることを満たせば、それは医療に関する広告であると考えられるため、ツイッターやブログなども規制の対象になり得るという見解を示しています。

ただし、ネット上の膨大な量の情報を、どう監視するのかという問題が残ります。厚労省の検討会に出席した栃木県保健福祉部医療政策課長の國井隆弘氏は、実際に取り締まりをおこなう地方自治体の立場から、「SNS等の監視までわれわれ（都道府県）が責任を負うというのは、難しいのではないかと思う」と発言しています。そこで有効になってくるのが、生活者である私たちが声を上げること。実際、厚労省担当者は次のように話しています。

広告かどうかわかりにくい場合や、「これは広告ではありません」などと記載されている場合もありますが、重要なのはそれを見た方がどう感じるか。直接的な宣伝だけでなく、暗示的や間接的に広告になるものは、規制の対象です。気になるウェブサイトは、ぜひ通報してください。

厚生労働省のネットパトロール

通報といっても、どこにすればいいのでしょうか。

2017年8月に始まった行政の取り組みの一つに、厚生労働省による「医療機関ネットパトロール」があります。対象は、厚労省の「医療広告ガイドライン」「医療機関ホームページガイドライン」違反の疑いがあるウェブサイト。実際には、どんな広告が「ウソや大げさな表示」として、ガイドライン違反になるのでしょうか。ガイドラインを制定する厚労省医政局の担当者は、私の取材にこう回答します。

> このガイドラインで規制されるのは、「虚偽、または客観的事実だと証明できないもの」「他との比較により自らの優良性を示すもの」「事実を誇張、または過度に強調するもの」「科学的な根拠が乏しい情報に基づき、国民・患者の不安を過度に煽るもの」に該当する医療広告です。

例えば、ウェブサイト上の「絶対安全な手術を提供」といった文言は禁止。「絶対安全な手術」というものは医学的に存在しないため、ウソになるからです。また、治療の効果を示すために、画像をフォトショップなどのソフトウェアで加工・修正することもウソとなります。

直接的な宣伝だけでなく、暗示的・間接的に「医療に関する広告である」と一般の人が認識し得るものも規制の対象です。例えば、「がんが消える」は「がんが治る」ことを暗示しています。治療の効果は、本来広告してはいけないもの。誇大広告にも該当する可能性があるため、認められません。

第一章で紹介した「免疫細胞療法」などの保険適用ではない自由診療については、「通常必要とされる治療内容、費用、治療のリスク・副作用などをウェブサイトに記載していただくことが、ガイドラインに明記されています」と担当者。

ガイドラインではさらに、ネットならではのURLやメールアドレスを悪用する手口についても言及するなど、ネット特有の問題をかなりカバーしています。

例えば、病院などのウェブサイトのURLに〝www.gankieru.ne.jp〟(gankieru＝がん消える）とある場合も、やはり治療効果を暗示させるため、違反となります。メールアドレスも同様で、〝no1hospital@xxx.or.jp〟とあった場合、文字列が日本一の病院を連想させ、比較広告となるので違反です。

さらに、第四章で紹介したリスティング広告やリターゲティング広告も規制の対象になるという見解を、厚労省は示しています。

通報はURL：iryoukoukoku-patroll.comから、あるいは電話番号03－3293－9225から、誰にでもできるといいます。

ただし、この事業は、いったんは2018年3月までのものとなっています。2018年2月時点で厚生労働省に確認したところ、次年度も実施する方針とのことでした。

いずれにせよ、これまで、ネットの技術発展が先行し、行政が問題を把握しきれていないという状況がありましたが、行政も危機感を抱き、対策を講じるようになってきているのです。

同年12月までに730サイトを審査し、85サイト、のべ112の医療機関で違反が発見されました。違反があれば、厚労省から委託された日本消費者協会が修正を求め、従わない場合は自治体による改善指導につなげます。自治体による指導後には、ウェブサイトが改善されたかどうかの追跡調査もおこないます。

アフィリエイト広告に対する自主規制

悪質なリスティング広告・リターゲティング広告への指摘と同時期の２０１７年８月、小林製薬は、私の取材の中で、健康食品の「アフィリエイト広告」事業を大幅に縮小していることを明かしました。ＷＥＬＱ問題が注目されていた３月頃から縮小を始め、８月末にはほぼ撤退するというのです。

その理由を、小林製薬の広報担当者は「われわれの意図しない内容の広告が世の中に出てしまっていたため」と説明します。

広告とは従来、広告主によってコントロールできるはずのもの。リスティング広告やリターゲティング広告については、同社は「すべてチェックしている」と回答していました。では、なぜ「意図しない内容の広告」が出るのでしょうか。これには、アフィリエイト広告の仕組みが大きく関係しています。

アフィリエイト広告というのは、ネット特有の仕組みを使った広告手段です。登場するのは、主に「広告主」「アフィリエイト広告会社（ＡＳＰ）」「アフィリエイター」の三者です。

まず、広告主の小林製薬は、ある商品の宣伝をＡＳＰに依頼します。ＡＳＰはアフィリエイターと呼ばれるブログのライターやウェブサイト運営者らに、その商品に関する記事をブログやウェブサイトに書くように仲介します。

広告主は、商品ＰＲのための予算をＡＳＰに支払うだけで、アフィリエイターと直接関係することはありません。

アフィリエイターには、自分のサイトに掲載したリンク経由で読者が商品を購入した場合に、販売額の一部が成果報酬として支払われます。このように、成果報酬であることが、アフィリエイトの特徴です。「そのリンク経由でいくつ商品が購入されたのか」というネットの効果測定性がなければ、実現しない仕組みでもあります。

成果報酬であることにより、企業は予算のムダ使いを避けられ、アフィリエイターは売れば売れるほど報酬を得られるという構造が生まれます。ＡＳＰも仲介料がもらえるわけで、販売側のメリットがとても大きい広告であるといえるでしょう。

では、ネット利用者にとってはどうでしょうか。

経済合理性が働くと、情報の正確性が損なわれることがあるのは、繰り返し説明してきたとおりです。そして、アフィリエイター側には、出版社のような複数のチェック機構がないことがほとんどです。つまり「売れるから作る」という傾向が、健康本よりも過激に働く可能性すらあります。

また、アフィリエイトの仕組みについて読者に明らかにせずに、その商品を宣伝するステマも起こりやすくなります。

アフィリエイト広告では、通常の広告と異なり、アフィリエイターがどのように商品を紹介するかについて、広告主が事前に完全に把握することが難しくなります。こうして、小林製薬がいう「意図しない内容の広告」が生まれるのです。

広告主にも責任がある

取材を続けていると、小林製薬がもっとも懸念していたのは、法律に抵触することであることがわかってきました。実はこの動きは、行政による直接規制を恐れた結果の自主規制だったのです。

小林製薬が取り扱う健康食品は、広告の内容によっては、薬機法や景表法、健増法などによる規制の対象になるものです。本来は効果・効能を謳ったり、ウソや大げさな広告をしたりしてはいけません。

しかし、売らんがためなら、多かれ少なかれ、人は無茶をしてしまうことがあります。アフィリエイトの仕組みで法令を遵守するというのは、難しいでしょう。

とはいえ、法律に違反して処罰されるのは、実際に販売するアフィリエイターなのでは、と考えた方も多いはずです。しかし、そうではないのです。

厚生労働省・東京都の薬務課・消費者庁に私がそれぞれ取材したところ、見解は「実際の広告に広告主がどのように関与していたかにより判断」で共通していました。

東京都の薬務課担当者は、「商品の製造販売をし、広告を依頼している以上、その内容をまったく関知していないというのは、企業の社会的責任に照らしていえないのではないか」と指摘します。

また、アフィリエイト広告については、消費者庁が発行する「健康食品に関する景品表示法及び健康増進法上の留意事項について」に次のような記載があります。

近年、インターネットを用いた広告手法の一つであるアフィリイトプログラムを用いて、アフィリエイターが、アフィリエイトサイトにおいて、広告主の販売する健康食品について虚偽誇大表示等に当たる内容を掲載することがある。このようなアフィリエイトサイト上の表示についても、広告主がその表示内容の決定に関与している場合（アフィリエイターに表示内容の決定を委ねている場合を含む。）には、広告主は景品表示法及び健康増進法上の措置を受けるべき事業者に当たる。

小林製薬の広報担当者は、私の取材に対してこれらのリスクを認め、「サプリメントなどの広告に、実際に法律違反を疑われるものが多数あったため、健康食品のアフィリエイト広告事業全体を縮小するという判断になった」と明かしました。

日本アフィリエイト協議会代表の笠井北斗氏は、健康食品のアフィリエイト広告について「市場自体は伸びている」とします。

一方で、法令遵守の意識の低い中小の健康食品メーカーが多数参入しているのも事実です。こうした企業が違反を取り締まらないことで、トラブルを引き起こしています。

小林製薬の事例では、アフィリエイターによる法律違反を放置することで、自分たちが直接規制を受ける可能性があることから自主規制がおこなわれました。

直接規制の機運が高まれば、企業は意外とあっさり、自主規制を進めることになると見て間違いないでしょう。

今、私たちにできること

健康になりたいという願望が狙われていることを自覚する

まずは、健康・医療に関する情報について、専門家とそれ以外の人との間に、大きな格差があるということを心に留めておきましょう。健康・医療情報を正しく理解するのは、難しいのです。多くの人には、健康になりたいという、根源的な欲求があります。

しかし、健康になることは簡単ではないし、どんなに健康であっても突然、病気になることがあります。

そのため、人は健康になる近道や、病気にならない絶対の方法を求めるのですが、もちろん、そんなものはありません。また、医療にはそもそも、医師に対する不信感が生まれやすい構造があります。この構造が、騙す人につけ込まれるのです。

リテラシー（5W2H）を身につける

このような背景がある以上、情報に接するときは、自分なりにシロとクロをつける基準を持っていなければ、騙されてしまいます。私が提案したいのが、「5W2H」として、「何を」「誰が」「どこで」「いつ」「どのくらい」「なぜ」「どのように」発信しているのかをチェックすることです。

「何を」をチェックするときは、あわせて「禁止ワード」「エビデンスのピラミッド」「相関関係と因果関係」にも注意してください。必要なのは、シロクロをつけられる範囲で、できるだけ基準を多く持つことです。

情報収集源を精査する

5W2Hは情報に接した後でそれを見分けるためのテクニックですが、「そもそもどうやって情報収集するのか」もポイントです。

私もやっていて、おすすめなのが、ツイッターでリストを作ること。今はメディアも専門家も素人も横に並ぶネット時代ですから、発信者単位での検証が有効だと、私は思います。この本で紹介した5W2Hを使って、「この人（メディア・企業・行政）は信用できそう」というリストを作るのです。

例えば、厚生労働省や東京都福祉保健局、世界保健機関といった公的機関や、日経メディカル、朝日新聞医療サイト「アピタル」、読売新聞yomiDr．（ヨミドクター）、手前味噌ながらバズフィード・ジャパン・メディカルなどの報道機関は、医療の専門性もあり、ツイッターアカウントも比較的、信頼できるといえます。「朽木誠一郎」のように記者（専門家）個人も参考にするべきですが、組織よりは個人のほうが偏りが大きくなることは警戒するべきでしょう。

もちろん、私自身はその偏りに常に自覚的であるように心がけていますが、誤解を恐れずにいえば、個人でも組織でも100％信頼できるということはありません。私の好きな言葉に「To Err is Human」というものがあり、これは医療安全の格言でもあるのですが、「過つは人の常」つまり人は必ずミスをするものなのです。絶対にミスをしない人というのは存在しません。だから、このことを前提とした仕組みが必要です。

その点でも、ツイッターは有用です。リスト機能がある有名SNSは、ツイッターくらいですが、「健康・医療情報の発信」という条件でリストを作ると、リストに入れた人のツイートだけが流れてくるようになります。こうして、発信者の発信が時系列で並ぶということが重要です。誰かが発信やシェアした内容に、ある人は賛成し、ある人は反対しているかもしれません。その話題はスルーしているかもしれません。その差こそが注目すべき点で、「誰のいうことが〝比較的〟正しそうか」が見えてくるはずです。

そして、定期的に人を追加し、信頼できないと判断した人は削除します。ここでお願いしたいのは、病気やケガを防ぎたい、治したいと望むのであれば、あくまでも判断の基準は科学的であることにしてほしい、ということ。感情の影響をできるだけ受けないように、その点は気をつける必要があります。

ツイッターでフォローするのは「好きな人」で構いません。しかし、リストに入れるのは「嫌いな人」も厭わないでください。科学的であることを前提としたリストがあれば、大量の情報を効率的に「疑う」「比べる」ことができます。また、私たちには信じたいものを信じたいように信じる傾向があり、それがフィルターバブルのように増幅される危険もあるということは、覚えておかなければいけません。専門家やメディアにも極端な発信はありますから、まずはそのリストの範囲で、疑う・比べるをしてみましょう。

リテラシーがすべてではないことを肝に銘じる

ただし、リテラシーがあればいい、科学的であることは正義であるという思い込みには、意外な落とし穴があります。繰り返しになりますが、科学と非科学の間はグラデーションになっていて、科学にも限界がある。それを踏まえたうえで、「命に関わる選択をするときには、できるだけ科学的に」などの折り合いを、それぞれがつけることが必要ではないでしょうか。

声を上げる

では、医療デマに気づいたとしたら、どうするのがいいでしょうか。もちろん、その情報を信じないようにすることが第一です。ただし、それだけでは、他の人が騙されてしまうのを防ぐことはできません。だからこそ私は、そこからもう一歩踏み出し、声を上げてほしいと考えています。

ネット時代に声を上げる方法は3つあります。

一つ目は問題を起こした企業や、問題を取り締まる機関に直接的に声を上げる方法です。シンプルですが、特に前者については、なかなかうまくいかないことも多い方法です。誠実な企業であれば、指摘を受けて姿勢を改めることでしょう。しかし、問題を起こす企業は誠実ではない場合が多く、また、誠実であったとしても、声が多くならないと腰が重くなる傾向があると、私は感じています。

どちらかといえば、行政への通報のほうがおすすめです。

ネット時代になり、医療機関ネットパトロールのように、行政に通報するハードルは、かなり下がっています。ただし、そのことがあまり知られていないという現状があります。

例えば、薬機法違反や健康食品の問題については、各都道府県の薬務課が通報を受け付けています（連絡先は公式ウェブサイトで確認できます）。他にも、電話番号「188」（いややや）にかけることで、消費者庁の「消費者ホットライン」につながります。消費者庁は景品表示法や健康増進法による規制を担当する機関なので、ウソや大げさな広告を見かけたら、こちらに通報することもできるでしょう。

医療記者になって初めてわかったことですが、行政に電話をかけて、目的を説明すれば、しっかりと対応をしてくれます。問題は、このことあまりが知られていないことと、そうはいってもハードルが高いことでしょう。

二つ目は、「報道機関への情報提供」です。医療記者をしている私の元にも、日々、医療デマについてたくさんの情報提供があります。

調査・報道をするときに、情報提供というのは非常に重要であり、問題追及の突破口になることもあるのです。

この本で紹介した私の取材の中にも、情報提供者に支えられたものが多くあります。新聞社の公式ウェブサイトなどを見ると、情報提供先のメールアドレスや電話・ファックス番号が掲載されていることに気づくでしょう。

個人情報を明かしたくないという場合には、匿名でも問題ありません。企業や行政に直接連絡することがためらわれたら、ぜひ、報道機関への情報提供を考えてみてください。

それでもまだハードルが高いという場合は、三つ目の手段として、「ネットへの書き込み」があります。ただし、情報提供元が守られないことには注意が必要です。個人情報が特定されてしまうリスクはありますが、もっとも気軽にできる声の上げ方です。

ネットの書き込みなんて、誰も見ないいんじゃないかと思うかもしれません。そこで思い出してほしいのが、WELQ問題ももともとは、辻氏のような検索サービスの専門家がWELQのSEOが強すぎることを指摘しており、その声を拾う形で私が医療情報の信頼性を検証し、記事にしたということです。

「これ本当？」くらいの気軽な書き込みでも、話題になっていたり、私のような立場の人間にわかるような場所にあったりすれば、発見される可能性は、かなり高いものとなります。

ネット時代の「情報のリレー」

どうにも「つながっていない」

私たちの「健康になりたい」という想いが悪意ある存在に踏みにじられる中、行政は通報の窓口を設置し、メディアや医療機関は情報発信に取り組んでいます。窓口の存在があまり知られていないことについては、行政や私のような報道関係者が努力するべきところですが、もっと深く考えなければいけないのは、通報や情報提供をするハードルがそれでもなお高いことです。そのこともあり、医療デマを巡る問題はなかなか解消していきません。

この点について少し離れたところから目を向けると、どうにも「つながっていない」という感覚が私の中にはあります。

書籍に医療デマが多く残っているのがその最たる例です。そうなってしまうのは、情報発信が一方的なためでしょう。出版されたものへの批判が、出版社に届きにくい。届いても数が少ないから、無視されてしまう。買って、特に声を上げない人が多いから、そのような人を対象にしたビジネスが続いてしまう。あるいは雑誌などは、もとより意外さや過激さを追求するメディアですから、多少の批判はへっちゃら、ということなのかもしれません。

しかし、医療デマは命に関わるのです。読者の一人ひとりは、ただの「1」という数字ではなく、一人の命なのです。それを「表現の自由」の大義名分の下に、軽視することは許されないと、私は思います。

逆に、テレビなどは、情報発信の軸足をネットにも置きつつあるので「つながってきている」という感覚があります。ニュースを切り出した映像をSNSに流したり、また災害などが発生したりしたときは、現地の人に対してSNSで取材を申し込むところをよく見かけることでしょう。番組の中でも「ネットの声」をよく紹介します。こうなってくると、ネット上の批判は決して、無視できません。最近では、テレビ番組もネットの批判を受けて、謝罪する流れが増えつつあります。新聞も同様で、既存マスメディアも双方向の情報発信をするようになっています。

私はこの状況に、寂しさを感じざるを得ません。適切に読者からのフィードバックを得られないメディアは、その情報の受け手を食い物にするビジネスに走り、結果的に信頼を失って、存続できなくなっていく。これまで慣れ親しんだメディアには、変化を迫られ、対応しきれずに脱落していくところも現れ始めています。

だからこそ、私たちは声を上げるべきなのです。つながっていないのであれば、つなげればいい。それが実現できているのがネットです。ネットはフラットであり、インタラクティブなので、「つなぐ」ことができるということが、一番の利点なのではないでしょうか。

今後、私たちが「誰も医療デマに騙されることのない世の中」を実現するには、ネットを活用しない手はありません。ネットメディアに関わる者として、最後にその工夫も紹介しておきます。

声を上げるから、バトンを渡すへ

古典的なメディアリテラシーには、「疑う」「比べ」るの他に「調べる」という要素があります。この「調べる」段階では、5W2Hを使った検証を怠らないでほしいところですが、第四章で西田氏が指摘したとおり、限界があります。

私は、声を上げることで、限界を超えられるのではないかと考えています。

同時に、声を上げるというのは、ウソや不正確な情報に気づいた人の義務ではないかとも思っています。自分だけが気づいている状態では、自分の大事な人が騙されるのを防げません。また、騙される人と騙されない人の境界線は限りなく曖昧です。あることには気づけても、別のあることには気づけていないことは、往々にしてあります。そして、自分自身もいつか、のっぴきならない事情で、考え方が変わってしまうかもしれない。

それでも、健康でありたいのであれば、社会全体として正しい医療情報を望む力が働くようにしていかないといけないでしょう。

とはいえ、やはり「声を上げる」というのは、そう簡単なことではありません。また、ただ声を上げるだけでは、その声が埋もれてしまうということもあり得るでしょう。

ここでもう一度、WELQ問題のことを思い出してみてください。辻氏や私の上げた声は、政府や企業に届くような大きな声ではありませんでした。小さな声が、バトンのようにバズフィード・ジャパンに渡され、それが既存メディアに渡され、政治家に渡され、都に渡され、ディー・エヌ・エーに一周して戻ってきたことで、事態が大きく改善したのでした。何も、一人で長い距離を一周しなくてもいいのです。一人ひとりが走れる範囲を走る。そして、次の人にバトンを渡す。陸上競技のリレーはまさにそうですが、一人で400mを走るよりも、4人で100mずつ走ったほうが、ずっと速いのです。また、リレーを経験することで、チームメートは強い一体感を得られます。

#情報のリレー

WELQ問題のときは、偶然のリレーだったのではないかと指摘したくなるかもしれません。たしかに、そのとおりです。

これを意図的に発生させるには、メッセージを込めたムーブメントが必要でしょう。そこで紹介したいのが、最近、ツイッターを始めとするSNSで話題になった、セクハラ・

パワハラなどを告発する「#metoo」というハッシュタグ（#）です。この#metooとは、10年前にタラナ・バークという女性が始めた、女性が日常的に直面するセクシュアルハラスメントや性的暴行について語り、連帯する動きです。

その後、２０１７年10月に、アメリカの女優アリッサ・ミラノ氏がツイッターでハッシュタグを使って呼びかけたことで再燃、一気に加速しました。当時アメリカでは、ハリウッドの大物プロデューサーだったハーヴィー・ワインスタイン氏によるセクハラ問題に注目が集まっていました。このツイートに対して10万件以上の反応があり、レディー・ガガ、パトリシア・アークエット、シェリル・クロウ、ビョークら著名な女性も次々と声を上げています。

セクハラの告発というのは、本当にセンシティブな問題で、気軽にできるようなものでは当然、ありません。しかし、ツイッターというネットのツールを活用することによって。本当に社会を動かしたのです。今はもう、そういう時代。変わらないと諦めるのは、ある意味ではもう古いのです。私たちは、ネット時代に生きているのですから。

私は、同じことを、健康・医療情報についても実現できるのではないか、と考えています。#metoo運動の本質は、これまで上がりにくかった声を、緩やかな連帯によって支援し、拾い上げていく、ということ。これは、ＷＥＬＱ問題で私がやったこと、ＷＥＬＱ後にやってきたこととも共通しています。

#metooでは「パワハラ」「セクハラ」「それを容認してきた社会」などの、見えにくい、かつ、大きな敵に立ち向かうために、このハッシュタグが使われました。健康・医療分野で向き合うべきは、経済合理性や、私たちの「信じたいものを信じたいように信じる」傾向です。これらに対抗するための動きを、私は「#情報のリレー」と名づけたいと思っています。

ＷＥＬＱ問題で、一介のライターであった私の上げた声を、バズフィード・ジャパンが拾い上げ、追及し、既存マスメディアが報道し、政治家・行政が動いて、大手企業が謝罪会見を開くまでになったように。ＷＥＬＱ後に、私が地道に続けたネットの医療情報の報道を、読者のみなさんがネットを中心に支援し、大きくなった声がグーグルやヤフーに届いたように。情報をリレーし、相互監視をスムーズにおこなえるようにするのです。

方法は簡単で、声を上げなければと思ったときに「#情報のリレー」（#は半角）というハッシュタグとともに投稿してください。私がまず、このバトンを受け取ります。そして、自分にできる調査・報道をすることで、信頼できる誰かにつなぎます。このような情報のリレーに、医療記者として参加し続けることで、やがて私以外の誰かも積極的にこのバトンを受け取り、つないでくれるような大きな動きにしていきたいのです。

このハッシュタグが正しい医療情報を求める運動のきっかけになれば、WELQ問題を契機に大きく人生が変わった私は、とてもうれしく思います。もちろん、このような運動は、一人ではできません。仲間が必要です。だから、みんなでネットを活用して、正しい医療情報を求めるムーブメントを起こしていきませんか。もちろん、これがうまくいく保証はありません。しかし、失敗したからなんだというのでしょう。この方法でうまくいかなければ、別の方法を試してみればいい。そうやって仮説と検証を繰り返せることも、ネットの大きな強みなのですから。

「誰も医療デマに騙されることのない世の中」は、実現できます。未来は決して暗くありません。しかし、まだ問題が多く残るのも事実です。そしてこの問題は、一人では解決できるものではありません。必要なのは志を同じくする人がつながること、そして、そのきっかけです。私はこの本が、そのきっかけになることを心から願っています。

おわりに

インターネットはいいところだ、と私は思います。

この本は、私が2017年4月に医療記者になってから継続してきた「ネット時代の医療情報との付き合い方」に関する取材を基に執筆しました。

ここで、私の経歴を思い出してみてください。私は2014年3月に群馬大学医学部医学科を卒業した後、ネットメディアの運営、編集プロダクションでの修行を経て、報道記者としてバズフィード・ジャパンに入社しました。医学部入学までに二浪、在学中に一留しているので、バズフィード・ジャパン入社時点で、私は30歳でした。

この経歴では、WELQ問題をきっかけに報道に目覚めたところで、新聞社やテレビ局に就職することはできなかったでしょう。万が一採用されたとしても、新聞社であれば、まずは地方局勤務をしているはずです。「ネット時代の医療情報との付き合い方」という自分の関心のあるテーマを自由に取材するということは、ネットがなければできなかったのです。

思えば、群馬でライター活動を始めたときも、最初に採用されたのは大手出版社のネット部門でした。自分が医師になっていいのか、ずっと悩んでいた私にとって、医師以外の仕事で生活していける可能性を示してもらえたというのは、大げさでなく命を救われたようなものです。私はネットがなければ、今ここにはいません。WELQ問題だって、なかったはずです。その意味では、医療記者・朽木誠一郎という存在もまた、ネットがフラットであることにより生じた、自浄作用の一つの現れといえるのかもしれません。

私は医療記者という仕事が、自分の天職だと感じています。医療記者は、医療と患者の間に入って、情報の格差を埋めるのが仕事です。かつて、私は医師になることを受け容れられず、逃げ出しました。医師になりきれなかった、しかし、一般の患者よりは医療のリテラシーがある私には、この「間に入る」というのが適任です。

この仕事に就いて、私はようやく、自分の受けた教育や、持っているスキルを最大限、発揮できるようになりました。

バズフィード・ジャパンでは、朝日新聞出身の編集長・古田大輔を始め、既存メディアで長年のキャリアを持つ先輩記者たちと、私のようなネットメディア出身の若手記者たちが一緒になって、新しいメディア作りに挑戦しています。ネットにジャーナリズムが定着するのか、その責任を負っている媒体の一つです。

メディアが激動の時代を迎える中、それを記者として体験できることに、私は心から感謝しています。特に、上司である岩永直子は読売新聞の医療部出身・元ヨミドクター編集長で、医療報道のベテランです。そんな岩永から、マンツーマンで医療記者としてのいろはを叩き込まれるのも、このキャリアを選択したからこそなのです。

こういう活動をしていると、よく誤解されますが、既存メディアには良い点もたくさんあります。それが継承されず、ネットと既存メディアの間に断絶があるのが実情でしょう。そんな中、ベテランに直接、教わる機会というのはそれ自体が貴重なことです。今、私はとても贅沢な環境にいるともいえます。

正直にいえば、私は既存メディアで鍛えられた優秀な記者たちには、経験や実力の面でまだまだ遠く及びません。だからこそ、私自身もネットのハイスピードやローコスト、効果測定性やパーソナルアプローチを存分に活用し、ＩＴ業界で培った業務改善フローのＰ

DCAを高速で回しながら、早く追いつきたいのです。

いくら自浄作用が働いているといっても、それはあくまでも、ネットの一部だけでのこと。ネットもまたさらに発展・普及することで、さらなる問題が発生し、既存メディアの問題はそのまま。そもそも既存メディアにネットに詳しい人が少ない印象を受ける中、ネットも含めたリアルな世の中全体を俯瞰して、正しい医療情報のあり方に道筋をつけられる人は、そう多くありません。

「ネット発」の医療記者である自分には、もっとできることがあるはずだと、私は信じています。


今回、本を執筆するチャンスをいただけたことには、だからこそ、とてもありがたいことでした。ネットの問題についてネットで記事を書けば、WELQ問題のように、ちゃんと世の中が動く実感があります。しかし、既存メディアの問題についていくらネットで記事を書き、大きな反響があったとしても、本来届けたい、届くべきところには、「ネットのこと」として矮小化されてしまい、何も変わっていかないというもどかしさがありました。

今回、私は初めて医療記者として、既存メディアで情報発信をします。既存メディアに「自分たちも変わらなければ」という危機感を持ってもらうためには、この本が社会的インパクトを残す必要があるのです。

この本を書き終えた今、いっそう身が引き締まります。

出版業界にありながら、一部に出版業界の問題を指摘する内容を含む本を、異論もなく世に出してくださったディスカヴァー・トゥエンティワンの英断に、頭が下がるばかりです。担当編集者の堀部直人さん、営業の伊東佑真さん、初めての単著に苦戦する私を待ち続けていただき、ありがとうございました。激励のランチで食べた肉の味は忘れません。

感謝という意味では、記事を出し続けることが生命線のネットメディアにあって、本を書くことで通常業務がかなり制限されてしまうにもかかわらず、一切の文句もいわず、「やってみたら」と背中を押してくれたバズフィード・ジャパンのメンバーにも、本当に感謝しています。また、取材に応じてくださった専門家の方々、情報提供者の方々にもあらためて、ありがとうございました。

そして一番、お礼をいいたいのが、私の本や記事を読んでくださる、読者のみなさん。

情報のリレーの流れが大きなうねりになるためには、みなさんの支援が欠かせません。私が日々、医療記者として活動できるのは、すべて読者という存在のおかげです。そのうえで、もし良かったら、この本の感想を「#情報のリレー」のハッシュタグとともに、SNSに投稿していただけると、とてもうれしいです。みなさんの支援を受けながら、私はネットだけでなく、医療情報全体がもっと良くなるように、精一杯、活動していきます。今後とも、どうぞよろしくお願い申し上げます。

2018年2月　朽木誠一郎

ディスカヴァー携書 195

健康を食い物にするメディアたち

発行日　2018年3月25日　第1刷

Author　朽木誠一郎

Book Designer　鈴木大輔・仲條世菜（ソウルデザイン）

Publication　株式会社ディスカヴァー・トゥエンティワン
〒102-0093　東京都千代田区平河町2-16-1 平河町森タワー11F
TEL　03-3237-8321（代表）
FAX　03-3237-8323
http://www.d21.co.jp

Publisher　干場弓子
Editor　堀部直人

Marketing Group
Staff　小田孝文　井筒浩　千葉潤子　飯田智樹　佐藤昌幸　谷口奈緒美
古矢薫　蛯原昇　安永智洋　鍋田匠伴　榊原僚　佐竹祐哉　廣内悠理
梅本翔太　田中姫菜　橋本莉奈　川島理　庄司知世　谷中卓
Productive Group
Staff　藤田浩芳　千葉正幸　原典宏　林秀樹　三谷祐一　大山聡子
大竹朝子　林拓馬　塔下太朗　松石悠　木下智尋　渡辺基志

E-Business Group
Staff　松原史与志　中澤泰宏　西川なつか　伊東佑真　牧野類

Global & Public Relations Group
Staff　郭迪　田中亜紀　杉田彰子　倉田華　李瑋玲　連苑如

Operations & Accounting Group
Staff　山中麻吏　小関勝則　奥田千晶　小田木もも　池田望　福永友紀

Assistant Staff　俵敬子　町田加奈子　丸山香織　小林里美　井澤徳子　藤井多穂子
藤井かおり　葛目美枝子　伊藤香　常徳すみ　鈴木洋子　内山典子
石橋佐知子　伊藤由美　小川弘代　越野志絵良　小木曽礼丈
畑野衣見

Proofreader　文字工房燦光
DTP　朝日メディアインターナショナル株式会社
Printing　共同印刷株式会社

ISBN978-4-7993-2209-3

携書ロゴ：長坂勇司
携書フォーマット：石間　淳